L'ITINÉRAIRE AUTHENTIQUE DU SALUT

LAMPARO

Contact auteur :
Tel. : 1-438 872 4321
Email : ajm@lamparo.org
Web : www.lamparo.org
Québec-Canada

Toutes les citations bibliques qui se trouvent dans cet ouvrage sont tirées de Louis Second, Édition revue avec références.

Éditions à compte d'auteur

ISBN : **978-2-923727-59-2**   **(2016)**

Du même auteur;

     L'alliance de mariage

     La christologie

     L'Afrique et son destin

     La christomancie

Dédicace à tout le corps de Christ du Monde

TABLE DES MATIÈRES

INTRODUCTION

Je tiens d'abord à exprimer ma profonde gratitude à Dieu, notre Père et à Jésus-Christ notre Seigneur, pour son amour envers tous ceux qui se réclament de lui. Car en lui, nous avons été comblés de toutes les richesses qui concernent la parole et la connaissance spirituelle.

En effet, une grâce particulière m'a été donnée d'être appelé à servir dans la maison de notre Dieu, comme témoin de Jésus-Christ, afin que tous ceux qui invoquent en quelque lieu que ce soit ce nom magnifique soient dans la joie. Car il est venu en personne dans une vision nocturne, m'enseigner et me révéler l'itinéraire authentique du salut à transmettre à son peuple du monde, afin de permettre à chacun de le chercher et de le trouver sans plus tâtonner.

Ce que j'ai vu et entendu, je vous l'annonce, afin que vous soyez vous aussi en communion avec Jésus-Christ qui me l'a communiqué. Je m'engage donc au nom de notre Seigneur, selon l'ordre que j'ai reçu de lui, à vous transmettre cette révélation, et je vous exhorte vivement à la mettre en pratique, afin de participer à l'aspersion de son sang.

Ce que je vous écris, n'est pas une prophétie nouvelle, mais ce sont des choses qui se trouvent déjà dans les Saintes Écritures, et qui sont tout simplement voilées à nos yeux et à notre entendement. Nous les lisons et elles ne retiennent point notre attention, parfois nous les négligeons ou les exploitons mal. Le plus souvent c'est par ignorance que nous n'en faisons pas bon usage.

CHAPITRE 1

MA RENCONTRE AVEC JÉSUS-CHRIST

Un début d'après-midi du mois d'Août 1986, j'étais à mon bureau où j'exerçais comme comptable matières dans un hôtel situé au centre-ville de Yaoundé-Cameroun. Un commerçant de la place vint me trouver et me supplia de l'admettre parmi nos fournisseurs. Il me proposa des remises hors factures intéressantes à mon avantage, et me remit séance tenante une enveloppe contenant une bonne somme d'argent, question de m'amadouer, puis il s'en alla.

Une fois seul, je m'ennuyais, n'ayant pas grand-chose à faire car mon travail était à jour. Alors, j'ouvris le coffre de mon bureau dans le but de trouver quelque chose à lire en attendant l'heure de la sortie. Je pris un nouveau testament qui traînait là depuis longtemps et que je n'avais jamais ouvert. Je l'ouvris par hasard, mes yeux se fixèrent sur un verset qui disait: *ne vous y tromper pas: ni les impudiques, ni les idolâtres, ni les adultères, ni les efféminés, ni les infâmes, ni les voleurs, ni les cupides, ni les ivrognes, ni les outrageux, ni les ravisseurs n'hériteront le royaume de Dieu.* 1 Corinthiens 6: 10.

Pris de peur, je le remis doucement à sa place, et je compris que Dieu blâmait l'acte de corruption que je venais de poser. Je résolus aussitôt de me débarrasser de cet argent. A la fermeture, je me dirigeai dans tous les lieux où je pouvais trouver des indigents, et je leur distribuai les billets de banque sous les regards admiratifs des idolâtres qui me traitaient de fou.

Les jours suivants, je m'efforçais tant bien que mal à me conduire avec probité, mais la tentation était toujours très forte et je succombais de temps en temps. Je voulus me conformer à la parole de Dieu que j'avais pris goût de lire, mais le péché dominait sur moi.

Lorsque la récession économique vint secouer l'Afrique et que les sociétés fermaient à tour de rôle; notre établissement ne fut pas épargné. C'est ainsi que je me retrouvai au chômage. J'entrepris de me lancer dans la débrouillardise. Mais plus la crise persistait, plus l'argent devenait rare, et mon petit commerce fit faillite. Je décidai alors de retourner au village pour un temps, afin de me consacrer aux travaux champêtres tout en revenant régulièrement en ville suivre mes dossiers d'emploi.

Sans perdre de temps, je me mis aussitôt à l'œuvre. Comme tout bon villageois, je cueillais le vin de palme; je tendais les pièges et j'allais aussi à la pêche, afin de subvenir aux besoins de ma petite famille. Je ne négligeais pas la lecture de la Bible, et je m'en sortais assez bien. Je m'exerçais aussi à prêcher la bonne nouvelle à qui voulait m'entendre, sans pour autant être enfant de Dieu, né d'eau et d'Esprit. Ma mère et mes frères me persécutaient fortement, disant que je suis entré dans les sectes et que je veux les vendre pour devenir riche.

Dans la même période, une sœur en Christ vint passer ses vacances dans notre village. J'allais chez elle tous les soirs pour m'édifier, elle m'aidait à comprendre beaucoup de choses que je ne maîtrisais pas encore dans la parole de Dieu, et me disait ce qu'il fallait faire pour devenir enfant de Dieu.

Après son départ, je persévérais dans la piété, et la main de Dieu me soutenait dans mes activités. Mes pièges attrapaient de temps en temps du gibier, les villageois jaloux me portaient envie, disant unanimement que je pratiquais la magie. Je me faisais ainsi un peu d'argent, et prélevais chaque fois les dîmes et les offrandes que je gardais soigneusement pour les dimanches matin, et je remettais la part du Seigneur à l'une de mes petites sœurs pour le tronc de l'Église catholique de notre communauté. Discrètement, j'assistais une vieille grand-mère qui était abandonnée à elle-même et je partageais aussi quelques-uns de mes vêtements avec les nécessiteux.

J'avais à peine séjourné quelques mois au village que ma femme eût une grossesse extra. Transportée d'urgence à l'hôpital, elle subit une intervention chirurgicale. Grâce à Dieu, elle s'en tira du danger. Je fis néanmoins face à une lourde facture de cent trente-cinq mille Fcfa. Une somme que je ne disposais pas. Malgré mon impécuniosité, je restai tout de même serein, alors qu'en réalité, je ne savais d'où me viendrait un tel montant.

Je quittai le médecin et allai m'asseoir sur un banc isolé où je courbai la tête et me mis à parler intérieurement au Seigneur, disant: ***Seigneur, je ne*** *suis pas capable de payer ce montant qu'on me réclame ici, aide-moi!*

Juste après ma prière, ce passage de l'Écriture commença à défiler avec insistance dans mon esprit: *apportez à la maison du trésor toutes les dîmes, et vous verrez si je n'ouvre pas pour vous les écluses des cieux.* Malachie 3 : 10.

J'essayai de distraire mon esprit pour dissiper cette parole, mais elle ne faisait que se répéter. Je me demandais ce que cela signifiait; étant donné que je rendais mes dîmes, lesquelles me parlait encore le Seigneur?

Ce même jour, je me rendis au village pour prendre un peu de vivres, et je vis une cousine qui s'apprêtait à voyager sur Yaoundé. Je saisis directement cette opportunité pour informer mes connaissances de la situation de ma femme. Le lendemain, plusieurs vinrent à son chevet, apportant avec elles de l'argent pour l'assister, je fis une collecte de plus de cent cinquante mille Fcfa. Ce fut pour moi un grand ouf de soulagement, car Dieu avait vraiment ouvert les écluses des cieux pour me secourir dans la détresse. Je compris alors pourquoi il me parlait dans Malachie. Après ce malheureux évènement, je revins m'installer à Yaoundé au début de l'année 1991. Jusque-là, je ne m'étais pas encore converti, mais je sentais toujours la présence de Dieu à mes côtés.

Une parente de ma mère me proposa de faire avec elle un tour en Guinée-Équatoriale si j'avais un peu de sou; afin d'acheter des marchandises bon marché et revenir les revendre. J'en parlai à un ami qui avait de moyens, nous fîmes le voyage à trois et logeâmes dans la maison d'un marabout très réputé près de la frontière. Ce dernier était encore au champ à notre arrivée.

A son retour tardif, grande fut ma surprise de cons- tater la joie qu'il manifesta en voyant la tante qui nous accompagnait. Il prit ensuite sa guitare traditionnelle et se mit à jouer. Il interrogeait ses esprits à notre sujet, nous a-t-on dit. Puis il appela ma parente et lui posa cette question: *qui est ce jeune homme, me pointant du doigt? Il ajouta: il a peu de temps à vivre, sauf s'il se dégage des liens de la mort qui le tiennent captif.*

Ce qu'il racontait à mon égard m'était indifférent, car j'avais confiance en Dieu. C'est alors que ma tante prit la parole et me dit: *accepte qu'il te traite, il veut juste te sauver la vie. N'aie peur de rien, cet homme fait du bien à tout le monde, il ne te demandera point de contrepartie, en plus c'est un grand maître Bwiti qui travaille avec Dieu; il pourra même t'aider à trouver rapidement le travail que tu cherches.*

Le nom de Dieu me persuada et j'acceptai sa proposition. Cet homme reprit la parole, et me dit: *le soir avant de te coucher, je te donnerai de l'Iboga* (plante hallucinogène) *à consommer, et tu verras beaucoup de choses dans tes rêves; le matin, tu me tiendras informer de tout. C'est après cela que ton traitement commencera.*

Chose promise, chose faite, il me donna les racines écrasées de cette plante. Cette nuit-là, j'eus trois visions: *premièrement, je vis mon défunt père qui avait apporté une bonbonne de cinq litres de vin de palme au père d'un ami avec qui j'étais très lié. Cet homme était aussi marabout et habitait le village voisin du nôtre. Ensuite, je vis mon grand frère auprès de son ami intime, avec ma femme à leurs côtés.*

En fin, je me vis assis au sommet d'un mur en béton très élevé, il y avait en bas des êtres de couleur noire cirée, ressemblant aux femmes et portant chacun une longue chevelure bouclée, ces gens étaient à ma recherche ayant des armes en mains; mais ils ne me voyaient pas.

Le matin, je racontai ces choses au maître Bwiti. Pour la première vision, il me dit: *l'homme à qui ton défunt père apportait le vin est un maléfique, c'est lui qui veut ta mort, mais il va mourir à ta place, car ce vin est la colère.*

Concernant la deuxième vision, il me dit: *ta femme est volatile, commence à l'oublier, car elle va te quitter.*

Sur la troisième vision, il me dit: *tu seras tôt ou tard élevé et bénéficieras du secours divin contre tes ennemis spirituels qui cherchent à t'anéantir.*

La nuit suivante, il m'amena dans un champ de cacaoyer vers minuit, au pied d'un géant arbre sur lequel il avait attaché les peaux d'animaux impurs. Ses trois femmes, qui faisaient office d'auxiliaires, et ma tante son disciple, nous assistaient. Il me fit asseoir sur un banc en bambou et mit les mottes d'encens en cercle tout autour de l'arbre et de nous tous qui étions-là, puis il les enflamma, et plaça devant moi une grande marmite remplie d'écorces et d'eau. Pendant que ses femmes chantaient leurs cantiques, il jouait sa guitare. L'une d'elles s'écria: *ils sont là, je vois aussi son père.* Aussitôt, elle se tint devant moi, et commença à me laver avec les écorces. Le bain terminé, il éteignit la flamme sur l'encens et nous retournâmes à la maison.

Tous les matins durant sept jours, celle qui me lava dans la nuit, me tapait l'eau chaude bouillante et l'eau froide avec un balaie dans le dos et sur le ventre, et le tout fut clôturé par une cène, selon leur rituel.

Entre-temps, mon ami et compagnon de voyage se ravitaillaient en marchandises. La veille de notre départ, il fit des présents à notre hôte, à ses femmes et à notre accompagnatrice. Touché par sa libéralité, le marabout se décida de récompenser son geste en composant à chacun de nous une potion d'huile d'onction porte-bonheur, qu'il mélangeât avec de la liqueur forte, du parfum et de plusieurs autres ingrédients dont il détenait seul le secret. Il précisa que cette huile était spécialement réservée pour oindre la face le dernier et le premier jour de chaque mois.

Il nous fit asseoir sur la devanture de sa maison en plein jour, et nous demanda de fixer le soleil. Il prit un cornet de feuilles de bananiers chargé d'herbes ramollis qu'il avait apprêté pour l'occasion et mit quelques gouttes au milieu de nos fronts. Le liquide devait passer droitement au-dessus du nez traversant perpendiculairement les lèvres, le menton, sans dévier, avant de couler par terre.

Chez mon ami, cela se fit sans aucune peine. Sur moi, il fallut qu'il le fasse plusieurs fois avant d'obtenir le résultat escompté. Il prit alors la parole, et me dit: *tu vas longtemps souffrir avant de venir à bout de tes peines.* Néanmoins il nous rassura en disant que l'huile qu'il nous donne a un effet immédiat, et que nous reviendrons lui rendre témoignage. Pour finir, il nous dit de ramasser chacun un caillou et de le jeter dans le premier cours d'eau que nous allons traverser, avant de prendre le car. Ce que nous fîmes.

La fin du mois venue, j'exécutai à la lettre ses conseils. Je mis mon huile sur la face en prononçant des incantations selon les désirs de mon cœur. Le lendemain, je fis la même chose. Franchement, j'étais subitement devenu l'objet de la bienveillance de tous. C'était pareil chez mon ami. Cette situation, au lieu de m'enchanter, m'inquiétait plutôt. Une voix intérieure me dit: *il n'y a rien pour rien, certainement tu vas le payer plus cher.* Je pris donc cette potion d'huile et m'en débarrassai.

Cette nuit-là, vers cinq heures du matin, j'étais mi-endormi mi-éveillé et je vis une femme blanche nue qui montait sur moi et entreprit de rapports sexuels avec moi. J'étais comme anesthésié. Puis, elle se leva et s'en alla. Vers neuf heures du matin, une forte fièvre s'empara de moi accompagnée d'un écoulement urétral. Pourtant, j'étais parfaitement en santé et vivais dans la chasteté.

Le lendemain, je me rendis à l'hôpital où je me fis examiner, mais tout était négatif. Le gynécologue me prescrivit néanmoins une ordonnance et j'achetai tous ces médicaments. Les injections d'antibiotiques que je prenais me rendirent de plus en plus malade, mon état de santé se dégradait de jour en jour. Deux semaines plus tard, j'agonisais. Je n'étais plus capable de m'asseoir seul, ni de quitter le lit. Je respirais à peine et je sentais la mort venir.

Pendant que j'étais noyé dans mes pensées, mon petit frère fit son entrée. Il m'appela, mais la force de répondre me manquait. Je ne pense pas que tu vas encore tenir longtemps, dit-il, et il alla informer notre grande sœur. Ses paroles me révoltèrent et je me mis à penser au Seigneur Jésus-Christ, comment il opérait des délivrances, ressuscitait les morts et guérissait les malades. Je fermai les yeux et lui fis du fond du cœur cette prière: *Seigneur Jésus-Christ, je sais que tu m'écoutes, car tu me l'as déjà prouvé. Pardonne-moi ce que j'ai fait. Si tu me rétablis, je serai ton serviteur. Mais si tu ne veux plus que je vive, retire ton souffle de moi; car je suis fatigué de souffrir et de prendre les médicaments qui ne me soulagent pas. Maintenant, j'attends ou la guérison ou la mort.*

A la fin de ma prière, je sentis comme une fraîcheur et un regain de force qui me pénétraient par les narines et envallissaient tout mon corps, balayant au passage la forte chaleur et la fatigue extrême qui m'étouffaient. Je réussis à m'asseoir, puis à me lever. Je mis la main sur le sac plastique qui contenait mes médicaments et j'allais le vider dans une décharge non loin de la maison. Mais j'avais encore les vertiges. Trois jours après, j'avais complètement retrouvé mon équilibre malgré ma maigreur, et je dis: *puisque Dieu m'a encore montré sa grâce et sa bonté, il faut que je devienne son enfant.*

C'est alors que le nom d'un homme de Dieu dont m'avait parlé vaguement la sœur lors de son congé me revint à l'esprit. Il était cadre administratif. Je pris le taxi et j'arrivai à son secrétariat, je saluai la secrétaire et lui dis que je désirais rencontrer M. X. Elle répliqua: *pour quelle raison?* Ne sachant quoi dire, je répondis: *c'est mon frère en Christ.* Reprenant la parole, elle me dit sèchement: *il n'est pas là.* Or le frère en question avait suivi notre conversation et lui dit de me faire entrer. Il me reçut et me demanda l'objet de ma visite. Je lui racontai tout ce qui m'était arrivé et je lui fis connaître mon désir de devenir enfant de Dieu. Il me dit: *je suis très ému par ce que je viens d'entendre. Je veux bien m'occuper de toi, mais j'irai en mission demain; et j'y serai pour deux semaines.*

Il n'avait pas fini de parler qu'un pasteur fit son entrée dans son cabinet. Il s'exclama: *gloire à Dieu!* Il me confia directement à ce pasteur. Ce dernier me baptisa le jour d'après et me conduisit dans la petite assemblée qu'il dirigeait. J'étais très assidu aux séances d'exhortations.

Un soir, il dit à toute l'assemblée, qu'il y aura un séminaire de formation préliminaire de jeunes serviteurs de Dieu dans la ville de Kumba. Qui d'entre vous veut y aller? Je levai le doigt et deux autres frères firent de même. Nous passâmes trois semaines dans cette ville du Sud-ouest du Cameroun.

Peu de temps s'était écoulé après mon retour, je me reposais pendant la journée, et dans mon sommeil, une voix me dit: *va ouvrir ta Bible dans le livre d'Apocalypse 3 : 3.* Je me réveillai brusquement et j'ouvris la Bible dans ce passage de l'Écriture où il est écrit: *rappelle-toi donc comment tu as reçu et entendu, et garde, et repens toi. Si tu ne veilles pas, je viendrai comme un voleur, et tu ne sauras pas à quelle heure je viendrai sur toi.* Le Seigneur me demandait certainement de me rappeler de ma guérison et de mon vœu pour me consacrer à son œuvre, mais je ne l'avais pas vite compris.

Dans la même période, je traversais les pistes du quartier avec ma fillette de deux ans, elle marchait devant moi à une distance d'environ dix mètres. A la croisée des chemins, elle s'arrêta pour m'attendre. Elle me dit: papa on va où? Je lui indiquai la voie, elle prit encore les devants. Tout à coup, j'entendis clairement une voix qui me disait: *as-tu vu ce qu'a fait ta fille? C'est comme cela que tu marcheras devant moi, et tu suivras la direction que je te montrerai.*

A peine quelques minutes de marche, nous atteignîmes la grande route, et je pris sa main. Pendant que nous passions à côté d'un étal de marchandises, elle s'arrêta et ne voulait plus marcher. Je lui posai la question de savoir ce qui n'allait pas, sans rien dire, elle doigta le bocal à bonbons. Je lui en achetai quelques-uns et la marche reprit normalement. La même voix se fit entendre de nouveau disant: *as-tu vu ce qu'a fait ta fillette, c'est comme cela que tu feras avec moi quand tu seras dans le besoin.*

Arrivé auprès de sa mère, un jeu intitulé le chevalier du labyrinthe passait à la télé. Je m'assis pour regarder et j'entendis encore la même voix me dire: *c'est ainsi que je te guiderai par la foi en ma parole, afin de te conduire dans la voie à suivre, et tu m'obéiras sans détour, sinon tu tomberas en chemin.*

Dans mon imagination, je crus que les autres avaient aussi entendu cette voix comme moi, et je dis: *avez-vous entendu?* Quoi? Répondit le mari de ma belle-sœur. Alors je compris que personne d'autre que moi n'avait rien suivi.

En ce temps-là, l'une de mes cousines germaines qui avait épousée le fils d'un exploitant forestier, m'annonça que la société que dirigeait son mari avait besoin d'un second comptable dans la scierie, et que je pouvais postuler. Je sautai sur l'occasion et me rendis à la base de cette structure pour rencontrer mon beau-frère. Il prit ma demande d'emploi et me certifia que j'allais commencer le travail dès que possible. En attendant je devais passer un peu de temps chez eux dans le camp des forestiers très éloigné de la scierie.

Après une longue attente sans suite, et fatigué de rester sans rien faire, je commençai à me rendre en forêt avec les ouvriers pour voir comment se déroulait le travail de coupe des arbres. Ce jour-là, je regardais un abatteur à l'œuvre, étant à quelques pas de lui. Il arrêta le moteur de sa tronçonneuse pour allumer une cigarette, je le vis s'avancer vers moi; il me tira brusquement par la main, et d'un coup de machette, il frappa une vipère sur un arbrisseau à la place où je me tenais.

Nous passâmes sur le second arbre, pendant qu'il l'abattait, un gros morceau de bois mort se détacha du haut et atterrit violemment sur ma tête. Je ressentis une terrible douleur, et je fis demi-tour dans le parc à bois où les camions se faisaient charger. Je montai à bord de celui qui était sur le point de débarquer. Le véhicule roula sans problème. A quelques kilomètres du camp, pendant que le chauffeur négociait un petit virage, les billes d'Iroko basculèrent d'un côté et voulurent entraîner la remorque et la cabine dans le pétrin. Le choc fit vibrer tout le véhicule, et je me surpris disant: ***Seigneur Jésus, sauve-nous!*** Aussitôt, la sellette qui reliait la cabine au remorqueur se rompit, ce fut la désolation totale. Je ne savais pas encore que le Seigneur me poursuivait comme Jonas, à cause du vœu que je lui avais fait! Car l'amour que j'avais pour l'emploi était au-dessus de celui que j'avais pour le service de Dieu.

Une semaine après notre accident, je me joignis encore mine de rien à l'équipe d'abatteurs qui allaient cette fois-là faire leur boulot à cinq kilomètres du camp. L'abattage se déroula sans heurt, le dernier arbre qui devait être abattu était très énorme. Tout le monde était sur place et un seul le coupait, il nous fit signe d'aller nous tenir dans un lieu sûr. Je me retirai seul sur le lieu indiqué, mais les autres se tinrent loin de moi sans trop savoir pourquoi.

A la chute de l'arbre, l'une de ses branches principales, entrelacée par de grosses lianes, s'arracha à l'aide de ces antennes, et vint s'enfoncer à terre à un micron de moi frôlant au passage la chemise que je portais.

Dans un bruit assourdissant d'une pluie de feuilles mortes, de brindilles et de fruits sauvages, j'entendis des cris s'élever, et tous accoururent vers moi, croyant que j'étais grièvement blessé. Cependant, je n'avais même pas une égratignure.

Or, si cette branche me touchait, j'allais être réduit en lambeaux, vue sa grosseur. Nous regagnâmes le camp en vitesse à cause de l'effroi qui avait saisi tout le groupe. Dès ce temps-là, je n'osais plus sortir. Le travail qui m'avait été proposé fut annulé, et je retournai déçu à Yaoundé. Je trouvai que ma femme avait choisi le libertinage. Le père de mon ami que j'avais vu en vision avec mon père était décédé. Notre Assemblée s'était disloquée, et mon compagnon de voyage était parti en Italie.

Je retournai dans mon village pour entretenir mon champ de plantain que j'avais laissé en partant, et je revenais de temps en temps en ville pour suivre mes demandes d'emploi. A cette période-là, j'avais réussi trois entrevues avec une ferme promesse de démarrage du travail. Mais comme par enchantement, je ne fus plus sollicité.

Sans perdre courage, je repartis pour mon village. Pendant que j'y étais, deux pêcheurs à l'épervier me demandèrent de leur tenir compagnie pour une partie de pêche nocturne. Nous partîmes vers 17 heures, j'étais aux commandes de la pirogue à l'aide d'une rame que je manipulais avec aisance. Pendant que j'esquivais de loin un rocher, l'embarcation bascula d'un côté comme poussée par une force invisible, et but de l'eau deux fois de suite. Peu s'en ai fallu pour qu'on fasse naufrage. Nous la vidâmes rapidement et poursuivîmes notre chemin. En côtoyant le bord, un serpent sauta à l'intérieur et voulut me mordre. En cherchant à le tuer, il se jeta dans l'eau et s'enfuit. L'un des pêcheurs prit la parole et me dit: *je vois que ta place n'est plus parmi nous; tu feras peut-être mieux d'aller voir ailleurs!* En parlant ainsi, il me prophétisait sans s'en rendre compte. Nous fîmes quand même cette partie de pêche.

Une autrefois, un pêcheur me sollicita pour une partie de pêche nocturne à la ligne; nous partîmes à la tombée de la nuit. A l'autre rive, une forte fièvre m'enveloppa, je grelottais de froid et tout mon corps vibrait. Nous accostâmes et mon compagnon alluma vite un feu pour me réchauffer. Une heure trente minutes plus tard, la fièvre me quitta. Il me demanda si on pouvait continuer, je dis oui et nous poursui-vîmes notre partie. Une fois rendu vers l'embouchure des deux fleuves (le Mbam et la Sanaga), nous nous arrêtâmes et nous mîmes à pêcher. J'entendis un grand bruit à côté de moi, je voulus paniquer, mais mon compagnon qui était un habitué du lieu, me dit: *n'aie peur de rien, c'est sûrement une tortue marine qui attrapait le poisson, car elles abondent ici.*

Le même bruit se reproduisit instantanément sur la même place. J'allumai la torche lampe pour voir ce qui se passait et je vis un énorme hippopotame près de moi, que je pouvais toucher. Je baladai rapidement la lumière et je vis encore d'autres plus près de nous, tout autour de la pirogue. Ils voulaient sûrement nous agresser. Je dis à mon coéquipier: ***partons d'ici.***

Nous quittâmes doucement ce lieu, et abordâmes un îlot non loin de là où nous allumâmes un feu et y restâmes jusqu'au matin. Depuis ce jour, je pris une ferme décision de partir de mon village et je retournai à la capitale, car j'étais conscient que les forces de la nature s'acharnaient contre moi.

Un jour, il faisait beau temps, et je me promenais sans destination fixe; une voiture blanche me devança et gara devant moi. Je l'avais à peine traversée que j'entendis des klaxons. Je me retournai pour regarder et je vis une main qui me faisait signe de venir. Je reconnus une dame qui avait été auparavant directrice de l'hôtel ou je fus employé, elle avait beaucoup d'estime pour moi. Elle m'invita à monter à bord et m'amena dans sa maison. Elle me posa la question de savoir ce que je faisais actuellement. Je lui fis part de mes déconvenues. Puis elle me proposa de travailler avec elle dans son restaurant en attendant de trouver mieux ailleurs. J'acceptai sans hésitation.

Ce milieu fréquenté par de hautes personnalités m'offrit l'occasion de sympathiser avec une dame très généreuse. Cinq mois s'étaient écoulés sans qu'il y ait d'altercation entre ma patronne et moi. Un Dimanche matin, j'eus envie d'aller au culte dans l'Église du plein Évangile qui se trouvait à proximité de la maison. A mon retour, elle m'attendait avec la rage au cœur, et me dit: *tant que tu es avec moi, que je n'apprenne plus que tu es sorti de cette maison pour te rendre dans de tels lieux, sinon, je me verrais dans l'obligation de me séparer de toi.* Sans rétorquer, je pris mon mal en patience et j'allai le soir chez mon cousin, je lui dis de nous chercher une chambre à louer. Deux jours plus tard, je déménageai de chez elle. Lorsque mes ressources furent épuisées, la galère s'installa, et elle était très forte au point où je faisais pratiquement trois à quatre jours sans quelque chose à mettre sous la dent. Alors je me souvins du vœu que j'avais fait à Dieu lors de ma maladie. Car j'étais certain que toute la souffrance que j'endurais venait de là. Dans mon humiliation, j'adressai cette prière à Dieu: *Seigneur, montre-moi la voie que je dois suivre, afin que ta colère se retire de moi.*

Deux semaines s'étaient écoulées, durant lesquelles, j'avais presque oublié la prière que j'avais faite à Dieu. Un matin, en sortant de la maison, j'avais oublié ma clef. Mon frère sortit aussi et ferma la porte. De retour vers 21 heures, je fus contraint de rester dehors. Pendant que j'étais assis sur la véranda, un léger assoupissement me saisit et quelqu'un m'appela par mon nom de famille et me dit: *lève-toi, va là où je vais t'envoyer!* J'ouvris les yeux pour voir celui qui me parlait, et je ne vis personne. Il y avait un calme plat autour de moi. Ce scénario se répéta trois fois de suite, et le sommeil se retira de mes yeux.

Comme il se faisait tard, et ne pouvant plus sortir à cette heure-là, je me mis à réfléchir sur ce que je venais de vivre et je dis: *si c'est Dieu qui m'a parlé, je le saurai, je me lèverai très tôt pour sortir et je verrai ce qui arrivera.*

Au crépuscule du matin, je fis ma toilette, m'habillai et me mis en route passant par l'École de Police de Yaoundé. Je voulus virer sur la gauche mais j'entendis une voix qui m'ordonnait d'aller tout droit. Arrivé au lieu-dit carrefour Warda, la même voix me dit d'aller à Mvog-Ada. Là-bas, je connaissais un ami d'enfance, mais on ne s'était plus vu depuis. J'allai quand même chez lui, et le trouvai entrain de faire son sac d'outils pour son job. Il m'accueillit chaleureusement. Sans tarder, je lui racontai ce que j'avais vécu la veille, et lui dis que c'est certainement Jésus-Christ qui m'a parlé. Il se mit visiblement en colère et me dit: *j'en ai marre de votre Jésus là; c'est comme ça qu'Alexandre m'agace chaque fois avec la même chose: Jésus a fait ceci, Jésus à fait cela.*

Après un moment de silence, la voix du Seigneur retentit dans mes oreilles me disant de me rendre chez le frère Alexandre, qui ne m'était pas inconnu. Je demandai donc à Robert où je pouvais trouver Alexandre? Il m'indiqua son quartier et l'emplacement de sa maison. J'y allai, et trouvai qu'il était au boulot. Il y avait un grand tas de sable sur sa cour sous l'ombrage des manguiers, entouré de vieilles tôles, je me couchai dessus. Vers 16 heures, je fus réveillé par l'entrebâillement de sa porte. Je me mis sur pieds et secouai le sable qui était sur moi, puis j'allai vers lui. En me voyant, il me dit: *quel bon vent t'amène chez moi?* Je lui fis le récit de ce que j'avais vécu. Après m'avoir écouté attentivement, il répondit: *ok! C'est le Seigneur qui t'a parlé. Mais j'ignore encore pourquoi il t'a fait venir jusqu'à moi. Attendons voir, peut-être qu'il a un enseignement à te donner ici!*

Les portes de ma maison te sont grandement ouvertes.

Ce frère était célibataire et vivait seul chez lui. A l'heure du coucher, il me dit: avant d'aller au lit, je prie et je médite sur un passage des Saintes Écritures que je tire au hasard, et cette parole finit toujours par s'accomplir. Je n'étais pas du tout convaincu de ce qu'il racontait. Après la prière du soir, il tira par le sort dans la Bible un passage qu'il se mit à lire. Je fis de même, mais curieusement, le passage où j'avais posé le doigt les yeux fermés, disait: heureux ceux qui croient sans voir! Même jusque-là, je combattais dans mon cœur l'idée selon laquelle la parole tirée de la Bible peut s'accomplir promptement.

Puis il me montra une chambre à coucher. Je m'endormis et me vis en vision assis sur l'unique banc qui était au fond d'une salle de classe. Devant moi, se tenait un homme à côté du tableau noir plaqué sur le mur, portant une longue robe et tenant une Bible à la main. Je ne voyais pas clairement la face de cet homme, car il y avait comme du brouillard sur elle. Soudain, j'entendis une voix venant à ma droite disant: *voilà devant toi celui qui s'appelle Jésus-Christ, le Seigneur et le Sauveur du monde, et le Dieu Tout-Puissant.* Lorsque je voulus lever les yeux pour bien regarder Jésus, ma tête demeura abaissée un court instant, puis il prit lui-même la parole, et me dit: *je t'ai fait venir ici pour t'enseigner des choses importantes que tu dois transmettre par écrit à mon peuple du monde. Prête donc attention à tout ce que tu vas apprendre de moi.* Et commençant par la conversation que je venais d'avoir avec Alexandre, il me dit: *ce que ton frère vient de te parler ne s'appelle pas la méditation, mais c'est la consultation de ma parole. Par elle, je guide les pas de chacun de mes enfants dans la voie qu'il doit suivre. S'il m'écoute et fait ce que je lui demande, je lui accorde la victoire et ma grâce. Mais s'il néglige ce que je lui dis, je détourne ma face de lui.*

Et lorsque je fais connaître ma volonté au travers de ma parole, il doit la méditer minute après minute, heure après heure ou jour après jour etc. jusqu'à ce qu'elle vienne à s'accomplir. Car je veille toujours sur ma parole pour la mettre à exécution. Tous ceux qui marchent de cette façon avec moi, marchent par la foi en ma parole. Ils m'adorent en esprit et en vérité, et je me manifeste au milieu d'eux par de prodiges et de miracles. C'est ainsi que les enfants d'Israël faisaient avec moi et je leur accordais toujours la victoire face à l'ennemi.

Il me montra comment consulter sa parole, et me dit: *toi aussi, tu dois désormais marcher par la foi en elle, afin qu'elle te guide dans toutes les voies de la justice de Dieu et qu'elle t'évite tous les pièges du malin jusqu'à ton arrivée au lieu que j'ai préparé pour mes élus.*

Il se mit à me citer à titre d'exemple, tous les passages des Saintes Écritures où les enfants d'Israël le consultaient, avec des références à l'appui. Ces enseignements s'arrêtaient au petit matin et je me réveillai. Lorsque je vérifiais ces choses dans la Bible, toutes concordaient.

Toutes les nuits, je me retrouvais dans la même salle en présence du Seigneur de l'univers et les enseignements variaient selon son bon vouloir. Au cinquième jour, je ressentais comme un feu au-dedans de moi. Je voulais me confier à quelqu'un, et je dis au frère Alexandre que je voyais le Seigneur toutes les nuits dans les visions nocturnes. Il me dit: *moi, qui suis ton aîné dans la foi, je ne vois pas le Seigneur, et toi qui es d'hier tu le vois? C'est Satan qui se transforme en ange de lumière et tu penses que c'est le Seigneur.* Par ces mots, il voulut semer le doute dans mon cœur. Quand je consultais la parole de Dieu, le Seigneur me dit: *je ferai passer devant toi toute ma bonté, et je proclamerai devant toi le nom de l'Éternel; je fais grâce à qui je fais grâce, et miséricorde à qui je fais miséricorde.* Et il me dit encore de ne pas coopérer avec les fanatiques. Car j'ai été appelé à la liberté. Ce soir-là, Alexandre alla sans moi dans une nuit de prière de son assemblée, et ferma sa porte me laissant dehors. Je trouvai refuge dans une maison inachevée du coin, et je m'assis en hauteur sur l'une des marches de l'escabeau qui était appuyé sur un mur où je passai la nuit. Malgré cet inconfort, le Seigneur vint à moi, et me dit de faire alliance avec lui; de renoncer à tout ce que j'avais et de le suivre.

La nuit suivante, il me remit en vision un oiseau en fonte or massif, et il me fit avaler la Bible. Puis il me dit de ne pas trembler devant les persécutions du frère Alexandre, mais d'attendre recevoir tous les enseignements qu'il a prévus pour moi, après je m'en irai. Ces enseignements nocturnes durèrent quatre-vingt-dix nuits. Et je partis de chez Alexandre. Mais le Seigneur m'apparaît toujours avec intermittence jusqu'au jour où je vous parle.

C'est ainsi que j'ai commencé à faire de recherches approfondies dans la Bible sur des enseignements reçus et à expérimenter la consultation de la parole de Dieu; et je vous atteste que Jésus-Christ n'est pas un mythe, mais une réalité. Sa parole est vraiment une lumière qui guide les pas de ses enfants. A vous de vérifier et vous serez agréablement surpris. Car il n'y a aucun voyant dans ce monde qui puisse parler avec autant de précision et de justesse dans l'accomplissement de ce qu'il dit. Je me suis efforcer avec l'aide du Seigneur de vous transmettre progressivement ce que j'ai reçu dans les ouvrages suivants: L'ITINÉRAIRE AUTHENTIQUE DU SALUT; LA CHRISTOLOGIE; L'ALLIANCE DE MARIAGE; L'AFRIQUE ET SON DESTIN; et LA CHRISTO-MANCIE. Recevez ces paroles non comme celle d'un homme mais comme venant du Seigneur. Que Dieu dispose votre esprit!

CHAPITRE 2

LES ACTEURS

Les acteurs de l'Univers sont des entités métaphysiques et physiques qui jouent des rôles abstraits et concrets dans les cieux et sur la terre pour la mise en scène et l'accomplissement des desseins arrêtés d'avance par le Créateur sur toutes ses créatures. Entre autres, on a: *le couple Divin: le Père et la Mère Divine; leurs deux Oints et l'homme.*

Avant donc de rendre culte à un quelconque dieu, il est important pour chacun de connaître sa nature, sa force, l'étendue de ses pouvoirs et de sa puissance, afin de le servir avec une pleine conviction. Car il y a des gens qui se lancent: soit par imitation, soit par contrainte, soit par ignorance, soit par habitude, soit à cause de la beauté de l'édifice, soit à cause du qu'en dira-t-on, soit même à cause des intérêts, à vénérer consciemment ou naïvement des dieux inconnus, incapables de sauver et de venir en aide dans la détresse.

Un conseil: prenez d'abord par mesure de prudence le temps de faire des investigations sur chaque dieu qu'on vous vante les mérites, de peur qu'après s'être engagé, vous ne soyez désagréablement pris au dépourvu. Car il est écrit : *s'il s'élève au milieu de toi un prophète ou un songeur qui t'annonce un signe ou un prodige, et qu'il y ait accomplissement du signe ou du prodige dont il t'a parlé en disant : allons après d'autres dieux, des dieux que tu ne connais point, et servons-les !*

Tu n'écouteras pas les paroles de ce prophète ou de ce songeur, car c'est l'Éternel, votre Dieu, qui vous met à l'épreuve pour savoir si vous aimez l'Éternel, votre Dieu, de tout votre cœur et de toute votre âme.

Vous irez après l'Éternel, votre Dieu, et vous le craindrez ; vous observerez ses commandements, vous obéirez à sa voix, vous le servirez, et vous vous attacherez à lui.

Ce prophète ou ce songeur sera puni de mort, car il a parlé de révolte contre l'Éternel, votre Dieu, qui vous a fait sortir du pays d'Égypte et vous a délivrés de la maison de servitude, et il a voulu te détourner de la voie dans laquelle l'Éternel, ton Dieu, t'a ordonné de marcher. Tu ôteras ainsi le mal du milieu de toi. Deutéronome 13 : 1-5.

J'ai aussi vu certaines personnes qui sont pourtant attachées à des religions venir à nous à la recherche des solutions à leurs problèmes, et qui après avoir obtenus satisfaction, retournent tout bonnement dans leurs institutions religieuses et dans leurs traditions sous prétexte qu'ils y travaillent ou qu'ils s'y plaisent.

Alors si quelqu'un reste fidèle à son Église parce qu'il a peur du chômage, il ne sert plus Dieu, mais Mamon. Et si quelqu'un rentre dans ses traditions après avoir gouté la puissance du vrai Dieu, il n'est qu'un idolâtre. A quoi sert donc son soi-disant dieu? Si votre dieu en qui vous croyez ne répond pas quand vous l'invoquez, sachez que vous avez à faire à une idole, séparez-vous immédiatement de lui.

Vous pouvez donc constater qu'il existe plusieurs faux dieux dans le monde. A partir du jour où Dieu avait confondu le langage des hommes, afin qu'ils n'entendent plus la langue, les uns les autres, chaque peuple inspiré par Satan, adopta ses traditions et ses us et coutumes. Ces dieux sont souvent des statues d'hommes, d'animaux, de reptiles, des crânes des morts et des totems, etc. D'autres évoquent des saints, des anges et des démons. Dans les sectes pernicieuses et les loges noires, les gourous sont des dieux.

Au-dessus de tout ce que je viens d'énumérer se trouve le Dieu suprême, Créateur des cieux, de la terre et de l'Univers. Il s'était révélé à Abraham, Isaac et Jacob. Et David, leur descendant a symboliquement représenté les caractéristiques de ce Dieu sous la forme d'une figure emblématique de ses deux Oints (puissance du bien et du mal) par une étoile à deux triangles entrelacés et diamétralement opposés, qui portent aujourd'hui le nom de l'étoile de David. Son inspiration lui venait de Dieu, puisque son Christ affirme qu'il est l'Étoile brillante du matin. (Apocalypse 22 : 16). Satan aussi a pour marque l'étoile sombre du pentagramme.

Cette connaissance que je partage aujourd'hui avec vous n'a rien à voir avec la théologie, qui n'est essentiellement basée que sur la rationalité, mais de la christologie qui englobe la rationalité et l'irrationalité.

A- DIEU LE PÈRE

Dieu le Père, et Véritable Maître du macrocosme est un panthéon de sept esprits suprêmes et invisibles, qui agissent en commun accord au travers du souffle (la parole de Dieu). Il n'a ni commencement de vie ni fin d'existence. Il est omniprésent, omnipotent et omniscient. Il détient en lui toute la puissance du bien et toute la puissance du mal. (Genèse 3 : 22). Ce qui fait de lui le Tout-Puissant. Son nom personnel est « L'Éternel ». Exode 3 : 15.

Il a pour emblème, l'arc-en-ciel. C'est un arc lumineux présentant sept couleurs de base, qui se forment dans le ciel par réfraction des rayons de soleil dans les gouttes de pluies. Ses couleurs emblématiques sont: le violet, l'indigo (le bleu clair), le bleu (sombre), le vert, le jaune, l'orangé et le rouge. Le rôle principal des sept esprits de l'Éternel est l'action et le relais dans l'accomplissement des tâches.

L'Éternel est donc un duo composé du bien et du mal ou la vertu et le vice. Les deux forment un couple bien soudé (le Père Divin et la Mère Divine). Leur copulation a donné naissance à un Fils unique appelé le « Christ ». Il est le corps spirituel de L'Éternel et la parole vivante de Dieu, il est lui-même Dieu. (Jean 1 : 1). Il a reçu la plénitude de la divinité et a matérialisé l'Univers et ses composants à partir de ce qu'il avait découvert chez l'esprit d'intelligence. Il possède en lui-même les sept esprits de l'Éternel et marche au milieu d'eux. (Apocalypse 3 : 1; 2 : 1). Chacune de ses créatures est aussi munie de la vertu et du vice. Exemple: *l'herbe qui sert de nourriture peut aussi servir pour l'envoûtement, pareil pour les animaux, les oiseaux, les poissons, etc.*

Les anges de Dieu de même que les hommes que Dieu a créé à son image, selon sa ressemblance ne sont pas épargnés par cette dualité. Mais le Christ a manifesté une grande sagesse vis-à-vis de l'Éternel, dans ce sens que: *après avoir tout créé avec l'aide de ces sept esprits qu'il a hérités, il a choisi la vertu comme principe de vie et rejeté le vice.* (Hébreux 1 : 8-13)*; puis, il a avec humilité remit à son Père et à sa Mère leur souveraineté et s'est assis à la droite du Père attendant désormais que ses ennemis soient le moment venu son marchepieds.*

Se voyant abandonnée, la Mère Divine prit Lucifer pour son bouc émissaire. Dans le royaume des cieux, le Père Divin et la Mère Divine se partagèrent démo-cratiquement les anges. Il ne reste que la terre des hommes ou Jésus-Christ et Satan, les deux Directeurs de campagne du couple Divin rivalisent actuellement d'adresse par l'intermédiaire de leurs Évangiles respectifs.

Pour réussir donc avec l'Éternel, chaque homme doit librement faire alliance avec l'un de ces deux oints. (Zacharie 4 : 2-3, 11-14). Vous avez donc le choix entre Jésus-Christ, qui se tient à sa droite, et qui incarne la vertu ou le bien, et Lucifer, qui se tient à sa gauche, et qui incarne le vice ou le mal. (Apocalypse 22 : 11-12).

Mais celui qui choisit de servir simultanément ces deux entités spirituelles s'en trouve mal, il ne peut faire de progrès à cause de son ignorance, il devient du coup une proie facile pour les Lucifériens. (2 Rois 17 : 24-41).

LES SEPT ESPRITS SUPRÊMES DE L'ÉTERNEL

a) Leurs côtés vertueux :

1- L'esprit d'intelligence (la science)

Par l'esprit d'intelligence, Dieu conçoit et dispose dans l'abstrait les maquettes de toutes les créatures physiques et spirituelles qu'il veut ramener dans le concret. *Je suis l'intelligence, dit l'Éternel.* Proverbes 8 : 14. Sa couleur est le violet.

2- L'esprit de vie (la création ou enfantement).

Par l'esprit de vie, Dieu suscite dans le concret ce que l'esprit d'intelligence a disposé dans l'abstrait et le fait mouvoir. *Comme le Père a la vie en lui-même, ainsi il a donné au Fils d'avoir la vie en lui-même.* Jean 5 : 26. Sa couleur est l'indigo.

3- L'esprit de force (la puissance, le pouvoir et le triomphe).

Par l'esprit de force, Dieu fortifie toutes les créatures que l'esprit de vie enfante. ***La force est moi.*** Proverbes 8 : 14. Sa couleur est le bleu.

4- L'esprit de sagesse (le discernement et la maîtrise).

Par l'esprit de sagesse, Dieu discerne les vertus et les vices que l'esprit de force met dans chaque créature et les maîtrise. ***Moi, la sagesse, j'ai pour demeure le discernement, et je possède la science de la réflexion.*** Proverbes 8 : 12. Sa couleur est le vert.

5- L'esprit de justice (les commandements, les lois, les ordonnances et les prescriptions).

Par l'esprit de justice, Dieu règle la conduite des humains, et l'usage des vertus et des vices contenus dans ses créatures que l'esprit de sagesse discerne. ***L'Éternel est juste, il aime la justice.*** Psaumes 11 : 7. Sa couleur est le jaune.

6- L'esprit d'amour (la bienveillance).

Par l'esprit d'amour, Dieu aime toutes ses créatures et en prend soin. Il veille d'une manière particulière sur l'homme qu'il a créé à son image, selon sa ressemblance et le rachète lorsqu'il est sous la condamnation de l'esprit de justice. *L'Éternel, l'Éternel, Dieu miséricordieux et compatissant, lent à la colère, riche en bonté et en fidélité, qui conserve son amour jusqu'à mille générations, qui pardonne l'iniquité, la rébellion et le péché, mais qui ne tient point le coupable pour innocent, et qui punit l'iniquité des pères sur les enfants et sur les enfants des enfants jusqu'à la troisième et à la quatrième génération!* Exode 34 : 6-7. Sa couleur est l'orangé.

7- L'esprit de la mort (l'anéantissement et le repos).

Par l'esprit de la mort, Dieu met fin à l'existence physique de ses créatures que l'esprit d'amour prive de sa compassion. Il entasse pour l'anéantissement les âmes des ennemis de la vertu dans le séjour des morts en bas de la mer pour le jugement dernier. Et fait reposer paisiblement les ennemis du vice dans le royaume des cieux, le séjour de la vie (le corps du Christ) en attente de la vie éternelle. *Car notre Dieu est aussi un feu dévorant.* Hébreux 12 : 29. Sa couleur est le rouge.

Ces sept esprits de l'Éternel sont non seulement ses yeux qui parcourent toute la terre (Zacharie 4 : 10), mais encore ses sept églises ou chapelles, à la tête desquelles il a placé sept archanges (Apocalypse 1 : 20), ayant au service de leur ministère des milliards d'anges prêts à voler au secours des hommes au nom de Jésus-Christ.

Ils ont pour siège le trône de Dieu. Selon qu'il est écrit: *du trône sortent les éclairs, des voix et des tonnerres. Devant le trône brûlent sept lampes ardentes, qui sont les sept esprits de Dieu.* Apocalypse 4 : 5; (Apocalypse 1 : 4).

Ces sept esprits de Dieu sont également un trousseau de sept clés qui sont dans la main du Christ, chaque enfant de Dieu peut les utiliser au nom de Jésus en fonction de ses besoins pour ouvrir par la foi, les portes spirituelles qui lui sont fermées. Car il est écrit: *voici ce que dit le Saint, le véritable, celui qui a la clef de David, celui qui ouvre et personne ne fermera, celui qui ferme et personne n'ouvrira.* Apocalypse 3 : 7.

Je tiens les clefs de la mort et du séjour des morts.
Apocalypse. 1 : 18.

Il est le seul dans le ciel et sur la terre, qui a été trouvé digne d'ouvrir le livre de l'Éternel scellé de sept sceaux. Apocalypse 5 : 3-5.

Car il fut le premier à découvrir les sept esprits de l'Éternel et leurs mystères. Pour répandre l'Évangile de la vertu, le Seigneur a sélectionné douze apôtres et une multitude de ses disciples, assistés de ses anges, et leur a conféré: force et pouvoir sur tous les démons, avec la puissance de guérir les maladies. Luc 9 : 1. Ceux des hommes qui souscrivent à cet Évangile et font alliance avec le Christ, consultent le Père Divin à travers la christomancie et suivent ses directives par la foi. Ils reçoivent sur leur front l'étoile brillante comme marque de la rédemption. Ils règneront éternellement avec lui dans la Jérusalem céleste.

b) Leur côté vicieux

La Mère Divine est le côté vicieux de l'Éternel: *c'est la grande prostituée qui est assise sur les grandes eaux. C'est avec elle que les rois de la terre se livrent à l'impudicité, et c'est du vin de son impudicité que les habitants de la terre s'enivrent. Cette femme est assise sur une bête écarlate, pleine de noms de blasphème, ayant sept têtes et dix cornes. Elle est vêtue de pourpre et d'écarlate, et parée d'or, de pierres précieuses et de perles. Elle tient dans sa main une coupe d'or, remplie d'abominations et des impuretés de sa prostitution. Sur son front est écrit un nom, un mystère: Babylone la grande, la mère des impudiques et des abominations de la terre.*

Cette femme est ivre du sang des saints et du sang des témoins de Jésus. C'est ici l'intelligence, qui a de la sagesse. Les sept têtes sont sept montagnes, sur lesquelles la femme est assise. Elles combattent contre l'Agneau, et l'Agneau les domine, parce qu'il est le Seigneur des seigneurs et le Roi des rois, et les appelés, les élus et les fidèles qui sont avec lui les dominent aussi.

Les eaux sur lesquelles la prostituée est assise, ce sont des peuples, des foules, des nations, et des langues. Et cette femme, c'est la grande ville qui a la royauté sur les rois de la terre. (Apocalypse 17).

Les noms de ses sept montagnes sont: le Soleil; la Lune; Mars; Mercure; Jupiter; Venus; et Saturne.

Pour propager le vice sur la terre des hommes, la Mère Divine programme les évènements sous le couvert de Lucifer ou du Zodiaque qui les confie à ses douze démons plus connus sous l'appellation commune de « constellations ou les douze signes du Zodiaque »: Bélier, taureau, Gémeaux, Cancer, Lion, Vierge, Balance, Scorpion, Sagittaire, Capricorne, Verseau, Poisson, et qui influencent toutes les créatures terrestres avec l'aide des princes des démons qui sont à la tête des sept montagnes, assistés par des démons subalternes qui assurent la garde de toutes les créatures de Dieu de la terre afin de rançonner des hommes qui désirent s'en servir. Seuls ceux qui font alliance avec la Mère Divine par son mentor Lucifer, et qui reçoivent sur leur front la marque de la bête (l'étoile sombre du pentagramme), et qui la consultent par ses prophètes à travers: l'astronomie (la météomancie, l'aéromancie, la pyromancie, l'hydromancie, la géomancie, l'oniromancie, la cristallomancie, la cartomancie, la chiromancie, la nécromancie, etc.) peuvent librement user de ces choses.

Mais quoique la divination parait souvent illusoire et inerte, Dieu lui donne néanmoins un peu de vigueur pour rassembler les iniques autour de la Mère Divine. C'est pourquoi, l'astronomie se fait par la puissance de Satan, avec toutes sortes de miracles, de signes et de prodiges mensongers, et avec toutes les séductions de l'iniquité pour ceux qui périssent parce qu'ils n'ont pas reçu l'amour de la vérité pour être sauvés. Aussi Dieu leur envoie une puissance d'égarement, pour qu'ils croient au mensonge, afin que tous ceux qui n'ont pas cru à la vérité, mais qui ont pris plaisir à l'injustice, soient condamnés. 2 Thessaloniciens 2 : 9-12.

Si donc on vous dit: *consultez ceux qui évoquent les morts et ceux qui prédisent l'avenir, qui poussent des sifflements et des soupirs, répondez: un peuple ne consultera-t-il pas son Dieu? S'adressera-t-il aux morts en faveur des vivants?*

A la loi et au témoignage! Si l'on ne parle pas ainsi, il n'y aura point d'aurore pour le peuple. Il sera errant dans le pays, accablé et affamé; et, quand il aura faim, il s'irritera, maudira son roi et son Dieu, et tournera les yeux en haut; puis il regardera vers la terre, et voici, il n'y aura que détresse, obscurité et de sombres angoisses: il sera repoussé dans d'épaisses ténèbres. Ésaïe 8 : 19-22.

B- DIEU LE FILS

Dieu le Fils ou le Christ est le Fils unique du couple Divin, selon qu'il est écrit: *j'étais un fils pour mon père, un fils tendre et unique auprès de ma mère.* Proverbes. 4 : 3.

Il est les prémices de la création. (Proverbes 8 : 22-36; Apocalypse 1 : 8). Le Christ fut d'abord éduqué par son Père et sa Mère, avant de recevoir la plénitude de la divinité. (Proverbes. 4 : 3-6). Et il apprit, bien qu'il fût Fils, l'obéissance par les choses qu'il a souffertes. (Hébreux 5 : 7-8).

Après avoir su rejeter le mal (le côté négatif des sept esprits de l'Eternel) pour s'attacher au bien (le côté positif des sept esprits de l'Éternel), il fut déclaré Saint pour la première fois avant que le ciel et la terre ne fussent créés.

Le Christ, et les sept esprits de l'Éternel devinrent une seule personne et l'unique Dieu créateur de l'univers. Car il est le corps spirituel des sept esprits. Il fut introduit dans les cieux au milieu des anges comme leur égal. L'Éternel l'éprouva avec eux pour la seconde fois. Mais il garda son intégrité et l'Éternel confirma sa sainteté pour la deuxième fois. Les anges qui avaient choisi la justice comme lui entrèrent dans son repos avec les six premiers esprits de Dieu qui avaient achevé leur tâche. Ce fut le Sabbat de l'Éternel.

Ces anges font toute la volonté de Dieu dans les cieux. Mais les anges de l'iniquité furent avec leur chef Satan précipités sur la terre dans les abîmes (Apocalypse 12 : 7-9, 12). L'esprit de la mort qui resta inactif se mis aussitôt à l'œuvre sur la terre auprès des humains. Après le repos sabbatique des six autres esprits de Dieu, l'Éternel introduisit de nouveau dans le monde le premier-né (son Christ), et il dit: *que tous les anges de Dieu l'adorent! Mais il dit au Fils: ton trône, ô Dieu, est éternel; le sceptre de ton règne est un sceptre d'équité; tu as aimé la justice et tu as haï l'iniquité; c'est pourquoi, ô Dieu, ton Dieu t'a oint d'une huile de joie au-dessus de tes égaux.*

Et encore: toi, Seigneur, tu as au commencement fondé la terre, et les cieux sont l'ouvrage de tes mains; ils périront, mais tu subsistes; ils vieilliront tous comme un vêtement, tu les rouleras comme un manteau et ils seront changés; mais toi, tu restes le même, et tes années ne finiront point. Hébreux 1 : 6-12.

Le Christ est donc l'image du Dieu invisible, le premier-né de toute la création. *Car en lui ont été créées toutes les choses qui sont dans les cieux et sur la terre, les visibles et les invisibles, trônes, dignités, dominations, autorités. Tout a été créé par lui et pour lui. Il est avant toutes choses, et toutes choses subsistent en lui. Il est la tête du corps de l'Église; il est le commencement, le premier-né d'entre les morts, afin d'être en tout le premier.*

Car Dieu a voulu que toute la plénitude habitât en lui; il a voulu par lui réconcilier tout avec lui-même, tant ce qui est sur la terre que ce qui est dans les cieux, en faisant la paix par lui, par le sang de sa croix. Colossien 1 : 15-20.

C- JÉSUS, LE FILS DE L'HOMME

Jésus, le fils de l'homme est: *la Parole de Dieu qui a été faite chair, et qui a habité parmi nous, pleine de grâce et de vérité; et nous avons contemplé sa gloire, une gloire comme la gloire du Fils unique venu du Père.* Jean 1 : 14.

Il vint dans le monde par l'intermédiaire d'une vierge d'Israël nommée Marie. Comme tous les hommes, le nom de Jésus Emmanuel lui fut donné, ce qui signifie: *Dieu avec nous.*

Les sept esprits de l'Éternel l'éprouvèrent pour la troisième fois consécutive, jusqu'à l'âge de trente ans, et il ne pécha point. Il accomplit la justice de Dieu, en se faisant baptiser par immersion; le seul baptême qui est approuvé de Dieu. Dès qu'il sortit de l'eau, le Saint-Esprit descendit sur lui sous une forme corporelle, comme une colombe (les six esprits positifs de l'Éternel qui étaient restés au ciel). Et une voix fit entendre du ciel ces paroles: *tu es mon Fils bien-aimé; en toi j'ai mis toute mon affection.* Luc 3 : 22.

Ainsi le Christ fut déclaré Saint pour la troisième fois. C'est pourquoi il porte le nom de trois fois Saint.

Jésus rempli du Saint-Esprit (les sept esprits vertueux de l'Éternel), revint du Jourdain, et fut conduit par l'Esprit dans le désert, où il fut tenté par le diable (qui avait encore avec lui les clés du séjour de la mort) pendant quarante jours. Il ne mangea rien durant ces jours-là, et, après qu'ils furent écoulés, il eut faim. Mais il tint ferme devant la tentation du malin. Étant revêtu de la puissance du Saint-Esprit, il commença à enseigner dans les synagogues sur tout ce qui le concernait dans les Saintes Écritures. Mais personne ne le croyait. Cependant, il guérissait toutes les maladies, délivrait les gens de toute possession démoniaque et ressuscitait les morts. Tous étaient dans l'administration et ils le glorifiaient.

Il n'observait plus à la lettre le sabbat parce que le septième esprit de Dieu (l'esprit de la mort) était déjà en sa possession et avait fini son travail. Et le Seigneur contrecarrait le pouvoir d'action de l'esprit de mort détenu par Satan sur les fils des hommes par le Saint-Esprit, en les délivrant même le jour du sabbat. Car il était déjà lui-même le Maître du sabbat. (Mathieu 12 : 8).

Jésus forma plusieurs disciples et choisit douze apôtres à qui il confia son Évangile, et leur donna le pouvoir sur Satan et son royaume. C'est alors que

Jésus se livra lui-même à l'Éternel (l'esprit de la mort) comme une offrande et un sacrifice de bonne odeur, pour sauver de la mort tous les pécheurs et du séjour des morts tous ceux qui avaient été autrefois coupables envers Dieu; depuis Adam jusqu'au jour où il souffrit la mort, afin de les ramener à la vie et de leur donner à nouveau l'occasion de saisir la vie éternelle par lui. Car avec Jésus, tous les hommes devaient recommencer une nouvelle vie, avant de mourir définitivement soit en Christ, soit en Satan.

Tous ceux qui sont morts auparavant étaient tout simplement des prisonniers retenus par le séjour des morts. Ils devaient donc être libérés et rendus progressivement à la vie, parce qu'il fallait que Jésus-Christ meure le premier avant que la mort ne commence à régner véritablement sur les hommes. En effet Jésus-Christ est le premier et le dernier, le commencement et la fin de tout. Car l'Éternel avait renfermé tous les hommes dans la désobéissance pour faire encore miséricorde à tous. C'est pourquoi, Jésus est le Seigneur et le Sauveur de tous.

Mais tous les saints qui marchèrent autrefois dans la crainte de Dieu furent ressuscités avec lui et gardés dans le séjour de la vie, le corps de Jésus-Christ. Conformément à la demande qu'il fît au Père, en disant: *Père, je veux que là où je suis ceux que tu m'as donnés soient aussi avec moi, afin qu'ils voient ma gloire, la gloire que tu m'as donnée, parce que tu m'as aimé avant la fondation du monde.* Jean 17 : 24. Car il est écrit: *les sépulcres s'ouvrirent, et plusieurs corps des saints qui étaient morts ressuscitèrent. Étant sortis des sépulcres, après la résurrection de Jésus, ils entrèrent dans la ville sainte, et apparurent à un grand nombre de personnes.* Matthieu 27 : 52-53.

La mission première de Jésus-Christ sur la terre était: *l'évangélisation des peuples. La seconde: la déli-vrance de tous les morts du séjour des morts, l'inauguration du séjour des morts, la récupération de la clé de la mort détenue par Satan et l'instal-lation des trônes, des dignités, des dominations, et des autorités qu'il avait créées.*

Cette deuxième cérémonie dura trois jours et trois nuits dans le monde parallèle. Il reprit avec lui la clef du séjour des morts. Étant désormais en possession de tous les pouvoirs des sept esprits suprêmes de l'Éternel, il ressuscita et retourna auprès de ses disciples, et leur dit: *tout pouvoir m'a été donné dans les cieux et sur la terre. Allez, faites de toutes les nations des disciples, les baptisant au nom du Père, du Fils et du*

Saint-Esprit, et enseignez-leur à observer tout ce que je vous ai prescrit. Et voici, je suis avec vous tous les jours, jusqu'à la fin du monde. Matthieu. 28 : 18-20.

Celui qui croira et qui sera baptisé sera sauvé, mais celui qui ne croira pas sera condamné. Voici les miracles qui accompagneront ceux qui auront cru: en mon nom, ils chasseront les démons; ils parleront de nouvelles langues, ils saisiront des serpents; s'ils boivent quelque breuvage mortel, il ne leur fera point de mal; ils imposeront les mains aux malades, et les malades seront guéris. Le Seigneur, après leur avoir parlé, fut enlevé au ciel, et il s'assit à la droite de Dieu. Marc 16 : 16-19.

Jésus-Christ possède donc l'immortalité, selon qu'il est écrit: *je suis la résurrection et la vie, celui qui croit en moi vivra, quand même il serait mort, et quiconque vit et croit en moi ne mourra jamais.* Jean 11 : 25-26.

Après la naissance, la mort et la résurrection de Jésus-Christ, tous les hommes qui naissent et qui meurent avec ou sans la loi seront jugés pareillement, car leur sort est déjà scellé. Il est donc salutaire pour tous ceux qui sont actuellement en vie ou qui naîtront de faire un effort pour hériter la vie éternelle en s'approchant de Dieu par Jésus-Christ. Il a paru une seule fois pour abolir le péché par son sacrifice. Car il était impossible que le sang des taureaux et des boucs ôte les péchés. C'est pourquoi Christ, entrant dans le monde dit: *tu n'as voulu ni sacrifice ni offrande, mais tu m'as formé un corps; tu n'as agréé ni holocaustes ni sacrifices pour le péché. Alors j'ai dit: voici, je viens dans le rouleau du livre (les Saintes Écritures), il est question de moi, pour faire, ô Dieu, ta volonté.*

Après avoir dit d'abord: *tu n'as voulu et tu n'as agréé ni sacrifices ni offrandes, ni holocaustes ni sacrifices pour le péché* (ce qu'on offre selon la loi), il dit ensuite: *voici, je viens pour faire ta volonté.* Il abolit ainsi la première chose (l'alliance de la loi) pour établir la seconde (l'alliance de la foi en la parole de Dieu). C'est en vertu de cette volonté que nous sommes sanctifiés, par l'offrande du corps de Jésus-Christ, une fois pour toute. Hébreux 10 : 4-10. Après son ascension, le Seigneur Jésus-Christ est resté sur la terre sous la forme de la parole vivante de Dieu que contient la sainte Bible. (Apocalypse 19 : 11-16).

Mais cette parole de Dieu a deux facettes: *le Saint-Esprit qu'incarne le Seigneur Jésus-Christ lui-même* (la vie, la lumière, le bien et la bénédiction); *et le mauvais esprit qu'incarne Satan, le prince de ce monde* (la mort, les ténèbres, le mal et la malédiction).

Le Saint-Esprit est à la droite de la puissance de Dieu et le mauvais esprit est à la gauche de la puissance de Dieu. Les humains ont donc le libre choix. Celui qui veut hériter la vie éternelle doit faire impérativement alliance avec Jésus-Christ, pour faire toute la volonté de Dieu sur la terre comme les saints anges le font dans le royaume des cieux, en observant et en mettant en pratique par la foi la parole écrite de Dieu révélée aux hommes. Il reçoit en don le Saint-Esprit, qui l'éclaire, le conseille, l'enseigne et le guide dans toutes les voies justes et droites de Dieu. Il adore Jésus en esprit et en vérité.

Par contre, celui qui choisit la perdition, fait alliance avec Satan pour faire le mal et rien que le mal. Il reçoit en don le mauvais esprit pour le conduire dans les profondeurs des ténèbres ou il acquiert des connaissances maléfiques de destruction, et il adore Satan en esprit et en mensonge. Parce que Satan est esprit et le père des mensonges. Cette dualité est complètement sous le contrôle de Dieu et agit sous ses ordres. (2 Chroniques 18 : 19-22).

Maintenant donc: ***nous savons que le Fils de Dieu est venu, et qu'il nous a donné l'intelligence pour*** connaître le Véritable; et nous sommes dans le Véritable, en Jésus-Christ. C'est lui qui est le Dieu véritable, et la vie éternelle. Petits enfants, gardez-vous des idoles. 1 Jean 5 : 20-21.

Car ainsi parle le Seigneur: *avant moi, il n'a point été formé de Dieu, et après moi il n'y en aura point. C'est moi, moi qui suis l'Éternel, et hors moi il n'y a point de sauveur. C'est moi qui ai annoncé, sauvé, prédit, ce n'est point parmi vous un dieu étranger; vous êtes mes témoins, dit l'Éternel, c'est moi qui suis Dieu. Je le suis dès le commencement, et nul ne délivre de ma main; j'agirai: qui s'y opposera?* Ésaïe 43 : 10b-13.

C'est afin que l'on sache, du soleil levant au soleil couchant, que hors moi il n'y a point de Dieu: je suis l'Éternel, et il n'y en a point d'autres. Je forme la lumière, et je créé les ténèbres, je donne la prospérité, et je créé l'adversité; moi, l'Éternel, je fais toutes ces choses. Ésaïe 45 : 6-7.

Tournez-vous vers moi. Et vous serez sauvés, vous tous qui êtes aux extrémités de la terre! Car je suis Dieu, et il n'y en a point d'autre. Je le jure par moi-même, la vérité sort de ma bouche et ma parole ne sera point révoquée: tout genou fléchira devant moi, toute langue jurera par moi. En l'Éternel seul, me

*dira-t-on, résident la justice et la force; à lui vien-
dront, pour être confondus, tous ceux qui étaient
irrités contre lui. Par l'Éternel seront justifiés et
glorifiés tous les descendants d'Israël.* Ésaïe 45 : 22-
25.

*J'annonce dès le commencement ce qui doit arriver,
et longtemps d'avance ce qui n'est pas encore
accompli; je dis: mes arrêts subsisteront, et j'exécuterai toute ma volonté. C'est moi qui appelle de
l'orient un oiseau de proie, d'une terre lointaine un
homme pour accomplir mes desseins, je l'ai dit, et je
le réaliserai; je l'ai conçu, et je l'exécuterai. Écoutez-moi, gens endurcis de cœur, ennemis de la
droiture! Je fais approcher ma justice: elle n'est pas
loin; et mon salut: il ne tardera pas. Je mettrai le
salut en Sion, et ma gloire sur Israël.* Ésaïe 46 : 10-
13.

*Je suis le chemin, la vérité, et la vie. Nul ne vient au
Père que par moi. Celui qui m'a vu a vu le Père.
Croyez- moi, je suis dans le Père, et le Père est en
moi.* Jean 14 : 6, 9b, 11.

*Et maintenant, mes fils, écoutez-moi, et heureux
ceux qui observent mes voies! Écoutez l'instruction,
pour devenir sage, ne la rejetez pas. Heureux l'homme qui m'écoute, qui veille chaque jour à mes*

portes, et qui en garde les poteaux! Car celui qui me trouve a trouvé la vie et il obtient la faveur de l'Éternel. Mais celui qui pèche contre moi nuit à son âme; tous ceux qui me haïssent aiment la mort. Proverbes. 8 : 32-36.

D- SATAN LE DIABLE

Lucifer devenu Satan est un être spirituel créé par Dieu et le chef des anges rebelles dont il incita à la révolte contre la justice de Dieu. Avant de corrompre ses voies, il était auparavant un saint ange, selon qu'il est écrit: *tu mettais le sceau à la perfection, tu étais plein de sagesse, parfait en beauté. Tu étais en Éden, le jardin de Dieu; tu étais couvert de toute espèce de pierres précieuses, de sardoine, de topaze, de diamant, de chrysolithe, d'onyx, de jaspe, de saphir, d'escarboucle, d'émeraude, et d'or; tes tambourins et tes flûtes étaient à ton service, préparés pour le jour où tu fus créé. Tu étais un chérubin protecteur, aux ailes déployées; je t'avais placé et tu étais sur la sainte montagne de Dieu; tu marchais au milieu des pierres étincelantes. Tu as été intègre dans tes voies, depuis le jour où tu fus créé jusqu'à celui où l'iniquité a été trouvée chez toi.*

Par la grandeur de ton commerce tu as été rempli de violence, et tu as péché; je te précipite de la montagne de Dieu, et je te fais disparaître, chérubin protecteur, du milieu des pierres étincelantes. Ton cœur s'est élevé à cause de ta beauté, tu as corrompu ta sagesse par ton éclat; je te jette par terre, je te livre en spectacle aux rois. Par la multitude de tes iniqui- tés, par l'injustice de ton commerce, tu as profané tes sanctuaires; je fais sortir du milieu de toi un feu qui te dévore, je te réduis en cendre sur la terre, aux yeux de tous ceux qui te regardent. Tous ceux qui te connaissent parmi les peuples sont dans la stupeur à cause de toi; tu es réduit au néant, tu ne seras plus à jamais! Ézéchiel 28 : 12-19.

Et il y eut guerre dans le ciel. Michel et ses anges combattirent contre le dragon. Et le dragon et ses anges combattirent, mais ils ne furent pas les plus forts, et leur place ne fut plus trouvée dans le ciel. Et il fut précipité, le grand dragon, le serpent ancien, appelé le diable et Satan, celui qui séduit toute la terre, il fut précipité sur le terre, et ses anges furent précipités avec lui. C'est pourquoi réjouissez-vous, cieux, et vous qui habitez dans les cieux. Malheur à la terre et à la mer! Car le diable est descendu vers vous, animé d'une grande colère, sachant qu'il a peu de temps. Apocalypse. 12 : 7-9, 12.

Satan et ses démons trouvèrent refuge au cœur des mers. (Ézéchiel 27 : 4). Son royaume est un monde des ténèbres où règne l'ombre de la mort, et porte le nom de Babylone la grande ville. Lorsque Dieu créa l'homme et lui donna la domination sur toute la terre et les mers, Satan et ses démons qui se trouvaient aux cœurs des mers passèrent eux aussi sous sa domination. Car Dieu dit: *qu'il domine sur les poisons de la mer, sur les oiseaux du ciel, sur le bétail, et sur tous les reptiles qui rampent sur la terre.* Genèse 1 : 26b.

Ayant été réduit en reptile par Dieu, Satan et ses démons passèrent sous l'autorité de l'homme. Conscient de sa double humiliation; non seulement il avait été chassé du ciel, mais encore il était assujetti à l'homme sur la terre; Satan prit son mal en patience et observa très attentivement les faiblesses de l'homme. Il savait que Dieu n'aime pas la transgression de sa parole, s'il réussissait à faire pécher l'homme, Dieu le rejetterait aussi, et lui (Satan) deviendrait probablement le nouveau maître de la terre à sa place. Alors Satan aborda l'homme par son côté faible (la femme). Elle fut séduite et initiée dans la connaissance du bien et du mal. Elle initia aussi son mari. L'opération de Satan réussit; il devint le prince du monde à la place de l'homme, et le fusil changea d'épaule. Étant au comble de la gloire aux cœurs des mers où il trafique avec tous les idolâtres du monde, il dit: *je suis Dieu, je suis assis sur le siège de Dieu, au sein des mers!* Ézéchiel 28 : 2.

Quoiqu'il se dit Dieu, il demeure sous l'autorité de l'Éternel et se tient à sa gauche pour éprouver la foi de ceux qui cherchent la face de Dieu. Il tente tout le monde et accuse auprès de l'Éternel ceux qui succombent. L'Éternel se sert aussi de lui pour punir ses ennemis jusqu'au temps marqué pour la fin, après lequel il sera jugé avec tous ses alliés. Son rôle est de rassembler en un seul corps tous les impies pour l'ultime combat contre Jésus-Christ et les siens. (Daniel 7 et 8).

E- L'HOMME

L'homme est une créature de Dieu appartenant à l'espèce animale, caractérisé par un langage articulé et d'une intelligence développée. Mais, il est typiquement fait à l'image de Dieu, selon sa ressemblance. Dieu est le macrocosme (le Grand Univers) et l'homme, le microcosme (le petit univers).

L'image de Dieu en l'homme est le corps, l'âme et l'esprit, car Dieu (Jésus-Christ) a un corps et une âme et le Saint-Esprit. Le corps de Jésus ou l'Univers est le séjour de la vie et de la mort, selon qu'il est écrit: *pour le sage, le sentier de la vie mène en haut, afin qu'il se détourne du séjour des morts qui est en bas.* Proverbes 15 : 24.

Le corps de l'homme est aussi le séjour de la vie et de la mort (le bien et le mal). L'âme de Jésus est l'Esprit-Saint. L'homme aussi a une âme qu'il peut orienter dans le côté positif (bien) ou négatif (mal) pendant le temps que le souffle de Dieu l'anime. Lorsqu'il meurt, son âme devient soit un esprit saint, soit un esprit mauvais. Si son esprit est saint, il va dans le séjour de la vie en Christ; s'il est mauvais, il va dans le séjour de la mort en Satan.

De même que Jésus-Christ, chaque être humain est éprouvé trois fois: ***dans le monde préhistorique, dans le monde de l'antiquité et dans le monde actuel, avant de connaître son sort final.*** Et la ressemblance de Dieu avec l'homme est que: ***Jésus à l'Esprit du Père incorporé en lui.*** Il est un avec l'Éternel et peut faire le bien ou le mal. Il maîtrise les profondeurs du bien et du mal. Mais il est fortement attaché au bien.

Le corps de l'homme abrite aussi les sept esprits de Dieu en miniature (l'Éternel) qui le façonnent dans le sein maternel, l'accompagnent sur la terre jusqu'au terme de sa vie, l'initient dans le bien ou dans le mal, selon sa préférence, et surveillent ses moindres faits, gestes et ses pensées. De façon consciente ou inconsciente, les humains utilisent les sept esprits en eux pour faire n'importe quoi et se rendent coupables envers l'Éternel.

Comme le Christ avait rejeté le côté négatif de l'Éternel (l'iniquité) pour s'attacher à son côté positif (la justice), de même, tous les humains doivent s'inspirer de son modèle de vie très discipliné, et séparer dans leur esprit les œuvres des ténèbres des œuvres de lumière, afin d'avoir du succès dans leurs entreprises.

En effet, nous sommes nous aussi des dieux, c'est pourquoi chacun de nous doit choisir un seul côté de l'esprit que Dieu a mis en nous, soit en bien, soit en mal. Les ignorants utilisent les deux à la fois, et ne font aucun progrès spirituellement, ils sont sans cesse en bute à tous les maux parce qu'ils ne s'alignent pas. Celui qui fait tantôt le bien tantôt le mal ne réussit point. Sur deux choses, il choisira l'une: soit le chaud soit le froid; car Dieu n'aime pas la tiédeur.

Ainsi donc: *que celui qui est injuste soit encore injuste, que celui qui est souillé se souille encore; et que le juste pratique encore la justice, et que celui qui est saint se sanctifie encore, dit l'Éternel.* Apocalypse 22 : 11.

Il y a donc deux voies, et chacun de nous doit choisir une: *la sainte alliance* (Christ)*, qui mène au salut éternel; et l'alliance maléfique* (Satan)*, qui mène à la perdition.* La neutralité n'a point de place dans le monde spirituel.

CHAPITRE 3

LA SOURCE DES MALHEURS

Le mauvais usage des sept esprits de Dieu par l'homme est la source même de tous ses maux et engendre: *la souffrance, la maladie et la mort.* (Genèse 3 : 16-19).

Tous les hommes sont concernés par cette sentence. Mais le comble du malheur est venu par le fait que Dieu avait de surcroît livré l'homme à Satan comme nourriture, lorsqu'il dit au serpent: *tu seras maudit entre tout le bétail et entre tous les animaux des champs, tu marcheras sur ton ventre, et tu mangeras de la poussière tous les jours de ta vie.* Genèse 3 : 14.

Cette poussière n'était autre que la chair et le sang qui constituent le corps de l'homme, selon qu'il est écrit: *l'Éternel Dieu forma l'homme de la poussière de la terre, il souffla dans ses narines un souffle de vie et l'homme devint un être vivant.* Genèse 2 : 7.

A cause du péché, l'homme devint la proie de Satan, de même que les poissons et les animaux des champs le sont pour lui. Sachant que sa survie et celle de ses collaborateurs, les démons ne dépendaient que des âmes d'hommes, Satan et son armée mirent sur pied des techniques de trappe; entre autres la perversion des commandements de Dieu, de ses lois, de ses ordonnances et de ses prescriptions au profit de l'idolâtrie sous toutes ses formes. Et pour avoir une mainmise facile sur l'homme, Satan et ses anges, grâce au péché, vinrent s'accoupler avec les filles des hommes. Les enfants qui naquirent de ces unions furent des hommes et des femmes à double nature; c'est de cette façon que la sorcellerie, le vampirisme, le sadisme etc. firent leur entrée parmi les hommes. Ce sont des héros qui furent fameux dans l'antiquité.

C'est ainsi que Satan réussit à domestiquer un grand nombre d'hommes complètement acquis à sa cause, et ayant pour mission de l'aider à faire la chasse aux hommes sans artifice.

Cette sorcellerie s'est perpétuée de génération en génération, jusqu'à nos jours, et la méchanceté de ces hommes demeure toujours intacte. Ces derniers possèdent un pouvoir maléfique surnaturel, qui se développe au fur et à mesure qu'ils acquièrent l'expérience et les secrets du mal; puis ils deviennent redoutables et sèment la terreur auprès des simples. Ils ont des rôles multiples au sein de la société, chacun selon le don qu'il a reçu de Satan, leur maître. Et leur seul but est l'extermination. Ils exercent le plus souvent les métiers de devins, d'astrologues, d'augures, de magiciens, d'enchanteurs, de spirites, de marabouts, etc.

Par contre, d'autres sont des gardiens des traditions et tabous, des membres ou des chefs des sociétés secrètes, des ordres, des loges noires, et de plusieurs autres associations diaboliques. Certains sont tout simplement des lanceurs de mauvais sorts, des envoûteurs, des empoisonneurs, de fauteurs de troubles, des blasphémateurs, des calomniateurs, des maléfiques, des faussaires, des malhonnêtes, des voleurs, des braqueurs, des meurtriers, des terroristes, des faux prophètes, des espions mystiques, etc..

Tous ces gens ont en eux un ou une multitude de vampires et se projettent dans l'astral pour faire leurs opérations et pour aller à la rencontre des esprits maléfiques supérieures afin qu'ils les aident à devenir plus puissants et à mieux asseoir leur domination sur le reste des humains. Ils sont aussi capables de se métamorphoser et de prendre n'importe quelle apparence qu'ils désirent lorsqu'ils sont en action. Ils sont tous des instruments de mal au service de Satan et des spécialistes de l'initiation à la sorcellerie. On les rencontre dans tous les pays du monde et particulièrement dans tous les milieux sociaux, politiques et religieux.

Ils sont appelés géants, non pas surtout à cause de leur grande taille, mais parce qu'ils sont des personnages mythiques qui se distinguent par leur puissance maléfique et par leur méchanceté. En effet la méchanceté de ces hommes est grande sur la terre. Satan les utilise auprès des autres humains de la même manière que l'homme utilise ses chiens de chasse auprès des autres animaux.

Autrefois, le chien était aussi parmi les animaux des champs. Mais quand l'homme découvrit en lui l'esprit de sagacité, son flair, son implacabilité, son attachement et sa docilité, il le domestiqua et le chien devint l'ami de l'homme, traître et ennemi des autres animaux.

Lorsque l'homme veut consommer du gibier, il fait appel à son chien, accroche un grelot sur son cou, s'équipe lui-même d'une arme et se dirige en forêt avec son complice. Le chien se lance de suite à la tentation des animaux, afin de provoquer leur sortie précipitée des cachettes où ils se trouvent pourtant en sécurité; ceci grâce aux tintements répétés et effroyables du grelot qui sèment la panique dans leur cœur apeuré. L'animal qui cède à la pression et sort de sa forteresse, est poursuivi par le chien qui ne lui donne aucun répit, et l'homme finit par lui donner la mort, à cause de son manque de résistance à l'épreuve. L'homme se régale de la bonne chair et les restes reviennent au chien.

L'homme use aussi de sa ruse et procède par les pièges de tout genre pour faire la chasse aux animaux et aux poissons. Il ne dit point à l'un d'eux; viens ici, je veux te manger, car Dieu t'avait livré à moi comme nourriture. Cela ne peut jamais se réaliser. Seule, son intelligence lui vient en aide.

Les sorciers aussi sont les chiens de chasse de Satan. Leur grelot est leur langue venimeuse et leurs mauvaises actions irritantes. Ils s'en servent pour faire sortir les simples de leur casemate, afin de les exposer aux traits mortels de leur maître.

Sachez donc que l'homme qui est modéré, lent à se mettre en colère, qui ne rend pas injure par injure, coup par coup, provocation par une réplique, est un homme prudent et sage, qui a la crainte de Dieu. Il échappe à la ruse du malin et demeure sous l'abri du Tout-Puissant. Il en est de même pour celui qui ne méprise pas les lois de la nature pour se livrer aux penchants de son cœur lorsqu'il est tenté. Mais celui qui est prompt à se venger lui-même et qui ne fait aucun cas de Dieu s'expose à la mort. Il est à la limite insane.

Fortifiez-vous donc dans le Seigneur, et par sa force toute puissante. Revêtez-vous de toutes les armes de Dieu, afin de pouvoir tenir ferme contre les ruses du diable. Car nous n'avons pas à lutter contre la chair et le sang, mais contre les dominations, contre les autorités, contre les princes de ce monde des ténèbres, contre les esprits méchants dans les lieux célestes. C'est pourquoi, prenez toutes les armes de Dieu, afin de pouvoir résister dans le mauvais jour, et tenir ferme après avoir tout surmonté. Tenez donc ferme: ayez à vos reins la vérité pour ceinture; revêtez la cuirasse de la justice; mettez pour chaussure à vos pieds le zèle que donne l'évangile de la paix; prenez par-dessus tout cela le bouclier de la foi, avec lequel vous pourrez éteindre tous les traits enflammés du malin; prenez aussi le casque du salut, et l'épée de l'Esprit, qui est la parole de Dieu. Éphésiens 6 : 10-17.

Ainsi, Satan et son armée seront impuissants devant vous. Il est important de signaler ici que ni Satan, ni les démons, ni les sorciers n'ont le droit de toucher un homme saint, car Dieu ne le leur permet point, sauf s'il veut éprouver son fidèle comme. Job. (Job 1 à 2 v 10). Car il est écrit: *nous savons que quiconque est né de Dieu ne pèche point ; mais celui qui est né de Dieu se garde lui-même, et le malin ne le touche pas.* 1 Jean 5 : 18.

C'est lorsque Satan réussit à faire tomber l'homme dans un péché quelconque qu'il a droit à une portion de son sang suivant la gravité de son iniquité. Alors, Satan ou son démon qui a fait le travail pique son aiguillon dans le cœur du pécheur et tire une quantité proportionnelle de sang qu'il mérite, laisse à la place une maladie pour justifier la perte de sang sur celui-ci. La fièvre monte, on parle de l'anémie et une maladie s'installe. Voilà le salaire du péché qui ne mène point à la mort, car toute maladie ou souffrance de la chair est le fruit du péché, selon qu'il est écrit: *qui dira qu'une chose arrive, sans que le Seigneur l'ait ordonnée? N'est-ce pas de la volonté du Très-Haut que viennent les maux et les biens? Pourquoi l'homme vivant se plaindrait-il? Que chacun se plaigne de ses propres péchés.* Lamentations. 3 : 37-39.

Il est dit encore: arrive-t-il un malheur dans une ville, sans que l'Éternel en soit l'auteur? Amos 3 : 6.

Mais, lorsqu'il afflige, il a compassion selon sa grande miséricorde; car ce n'est pas volontiers qu'il humilie et qu'il afflige les enfants des hommes. Quand on foule aux pieds tous les captifs du pays, quand on viole la justice humaine à la face du Très-Haut, quand on fait tort à autrui dans sa cause, le Seigneur ne le voit-il pas? Lamentations. 3 : 32-36.

Cependant, si l'homme commet un péché qui mène à la mort, Dieu ordonne à Satan de détruire son corps physique. Satan ou son démon boit tout son sang et donne sa chair aux sorciers. Il met en cet homme une maladie incurable et il décède malgré tous les soins qu'on lui apporte.

Ceux des hommes qui cherchent à acquérir coûte que coûte le pouvoir, la promotion, le succès, les richesses, le luxe, l'argent, afin de vivre dans l'opulence se livrent eux-mêmes à Satan par l'entremise des sectes sataniques, consomment aussi du sang, et font alliance avec Satan. Ils deviennent ainsi ses esclaves spirituels voués à son service. Ils pratiquent aussi la vente des âmes, les crimes rituels, les perversions sexuelles, les détournements d'argent, la méchanceté, l'injustice et plusieurs autres choses nuisibles. Ils détruisent le monde et le dominent littéralement à cause du pacte qu'ils ont conclu avec la mort. C'est encore là une source profonde de malheur pour les hommes.

Pour empêcher Satan et sa cohorte de profiter continuellement de la vulnérabilité des hommes causée par la loi, que tous les hommes marchent quotidiennement par la foi en Christ, afin d'échapper à sa voracité. Car il est écrit: *il n'y a point de juste, pas même un seul; nul n'est intelligent, nul ne cherche Dieu; tous sont égarés, tous sont pervertis; il n'en est aucun qui fasse le bien, pas même un seul; leur gosier est un sépulcre ouvert; ils se servent de leurs langues pour tromper; ils ont sous leurs lèvres un venin d'aspic; leur bouche est pleine de malédiction et d'amertume; ils ont les pieds légers pour répandre le sang; la destruction et le malheur sont sur leur route; ils ne connaissent pas le chemin de la paix; la crainte de Dieu n'est pas devant leurs yeux.*

Or, nous savons que tout ce que dit la loi, elle le dit à tous ceux qui sont sous la loi, afin que toute bouche soit fermée, et que tout le monde soit reconnu coupable devant Dieu. Car nul ne sera justifié devant lui par les œuvres de la loi, puisque c'est par la loi que vient la connaissance du péché. Mais maintenant, sans la loi est manifestée la justice de Dieu, à laquelle rendre témoignage la loi et les prophètes, justice de Dieu par la foi en Jésus-Christ pour tous ceux qui croient.

Il n'y a point de distinction. Car tous ont péché et sont privé de la gloire de Dieu; et ils sont gratuitement justifiés par sa grâce, et par le moyen de la rédemption qui est en Jésus-Christ. C'est lui que Dieu a destiné, par son sang, à être, pour ceux qui croiraient, victime propitiatoire, afin de montrer sa justice, parce qu'il avait laissé impunis les péchés commis auparavant, au temps de la patience, afin, dis-je, de montrer sa justice dans le temps présent, de manière à être juste tout en justifiant celui qui a la foi en Jésus. Romains 3 : 10-26.

Dieu, sans tenir compte des temps d'ignorance, annonce maintenant à tous les hommes, en tous lieux, qu'ils aient à se repentir, parce qu'il a fixé un jour où il jugera le monde selon la justice, par l'homme qu'il a désigné, ce dont il a donné à tous une preuve certaine en le ressuscitant des morts. Actes 17 : 30-31.

CHAPITRE 4

LA REPENTANCE

Le salut débute par la repentance, qui est le fait pour un homme d'éprouver un regret sincère de ses péchés commis envers Dieu, envers lui-même, et envers son prochain, afin d'éviter des conséquences fâcheuses dans le temps présent et à venir.

Tous les hommes ont besoin de la repentance. Car Dieu, dans son immense miséricorde, désire faire grâce à tous. Mais cette grâce ne peut être accordée qu'à celui qui veut se repentir pour croire et obéir à Christ. C'est pourquoi ainsi parle l'Éternel: *ce que je désire, ce n'est pas que le méchant meure, c'est qu'il change de conduite et qu'il vive. Revenez, revenez de*

votre mauvaise voie; et pourquoi mourriez-vous?
Ézéchiel 33 : 11.

Rechercher le bien et non le mal, afin que vous viviez, et qu'ainsi l'Éternel, le Dieu des armées, soit avec vous. Haïssez le mal et aimez le bien, faites régner à la porte la justice; et peut-être l'Éternel, le Dieu des armées, aura pitié des restes de Joseph.
Amos 5 : 14-15.

Malgré cet appel à la repentance, Dieu connaît d'avance ceux qu'il a lui-même choisis dès la fondation du monde. Mais pour prouver sa justice, il les a mélangés avec les impies de la terre. C'est la postérité spirituelle d'Abraham. Ils sont dispersés parmi les peuples de toutes langues et de toutes couleurs, rien ne les distingue des autres. Ils ne savent pas non plus que leurs noms sont écrits dans le livre de vie de l'Agneau. Alors ils se comportent eux aussi comme le commun des mortels.

Mais Dieu, qui est bon envers tous les hommes, accorde la consolation et une pleine jouissance à ceux qui sont destinés à la perdition, selon qu'il est écrit: *rien ne les tourmente jusqu'à leur mort, et leur corps est chargé d'embonpoint; ils n'ont aucune part aux souffrances humaines, ils ne sont point frappés comme le reste des hommes. Aussi l'orgueil leur sert de collier, la violence est le vêtement qui les enveloppe; l'iniquité sort de leurs entrailles, les pensées de leur cœur se font jour. Ils raillent, en parlant méchamment d'opprimer; ils profèrent des discours hautains, ils élèvent leur bouche jusqu'aux cieux, et leur langue se promène sur la terre. Voilà pourquoi son peuple se tourne de leur côté, il avale l'eau abondamment, et il dit: comment Dieu saurait-il, comment le Très-Haut connaîtrait-il? Ainsi sont les méchants: toujours heureux, ils accroissent leurs richesses.* Psaumes 73 : 4-12.

Par contre, la postérité d'Abraham éprouve toutes sortes de difficultés et s'en sort avec beaucoup de peine, selon qu'il est écrit: *c'est par beaucoup de tribulations qu'il nous faut entrer dans le royaume de Dieu.* Actes 14 : 22.

Pour ramener à lui son peuple, Dieu envoie à chacun un ou plusieurs de ses chars, qui sont comme un tourbillon. (Ésaïe 66 : 15).

Dieu met ainsi chacun de ses élus dans une situation de détresse. Cette inconfortabilité, peut être: *une malédiction, une maladie grave, l'inceste, la stérilité, la pauvreté, la misère, les échecs, les envoûtements, la possession démoniaque et satanique, la prison, la captivité, l'endettement, les troubles, l'oppression, l'esclavage, le chômage, la famine, le célibat chronique etc.* Toutes ces choses concourent au bien de ceux qui aiment Dieu, et de ceux qui sont appelés selon son dessein. Mais dans toutes ces choses, nous sommes plus que vainqueurs par celui qui nous a aimés. (Romains 8 : 28, 37).

Après avoir usé sans succès de tous les moyens de recours, si l'on se tourne vers le Seigneur et Sauveur Jésus-Christ, il sauve le malheureux de son angoisse, et c'est par la souffrance qu'il l'avertit.

Si vous êtes-vous aussi dans une situation similaire, sachez que vous êtes de la postérité d'Abraham; et que Dieu a envoyé l'un de ses chars pour vous amener vers lui, en vous transportant du pays d'Égypte pour le royaume du Fils de son amour. Car il est écrit: *il te retirera aussi de la détresse, pour te mettre au large, en pleine liberté, et ta table sera chargée de mets succulents. Mais si tu défends ta cause comme un impie, le châtiment est inséparable de ta cause. Que l'irritation ne t'entraîne pas à la moquerie, et que la grandeur de la rançon ne te fasse pas dévier! Tes cris suffiraient-ils pour te sortir d'angoisse, et même toutes les forces que tu pourrais déployer? Ne soupire pas après la nuit, qui enlève les peuples de leur place. Garde-toi de te livrer au mal, car la souffrance t'y dispose.* Job 36 : 16-21.

Si donc vous n'êtes pas de ceux qui rejettent Dieu, venez à Jésus, et déchargez-vous sur lui de tous vos soucis. Selon qu'il est écrit: *venez à moi, vous tous qui êtes fatigués et chargés, et je vous donnerai du repos. Prenez mon joug sur vous et recevez mes instructions, car je suis doux et humble de cœur; et vous trouverez du repos pour vos âmes. Car mon joug est doux, et mon fardeau léger.* Matthieu. 11 : 28-30.

La solution à votre problème ne se trouve point ailleurs qu'en Jésus-Christ, c'est lui qui vous a en-chaînés et c'est toujours lui qui vous délivrera, quelle que soit votre préoccupation. Mais si vous vous entêtez à vous rendre d'abord vers les mondains (les devins et les médecins) pour y chercher du secours, ces gens-là ne pourront ni vous guérir ni portez remède à vos plaies. Car ainsi parle le Seigneur: *je serai comme un lion pour Éphraïm, comme un lionceau pour la maison de Juda; moi, moi, je déchirerai, puis je m'en irai, j'emporterai, et nul n'enlèvera ma proie. Je m'en irai, je reviendrai dans ma demeure, jusqu'à ce qu'ils s'avouent coupables et cherchent ma face. Quand ils seront dans la détresse, ils auront recours à moi.* Osée 5 : 13-15.

Les enfants d'Israël restèrent longtemps dans la souffrance, parce qu'ils ne se souciaient pas de Dieu. Mais au sein de leur détresse, ils retournèrent à l'Éternel, le Dieu d'Israël, ils l'avaient cherché et ils l'avaient trouvé. Dans ce temps-là, point de sécurité pour ceux qui allaient et venaient, car il y avait de grands troubles parmi tous les habitants du pays; on se heurtait peuple contre peuple, ville contre ville, parce que Dieu les agitait par toutes sortes d'angoisses. Après avoir entendu les paroles de la prophétie d'Oded le prophète, ils se fortifièrent et firent disparaître toutes les abominations qui ne glorifiaient pas le Seigneur dans leur vie, et ils restaurèrent chacun l'autel de l'Éternel. C'est-à-dire chacun fit la paix avec les sept esprits de Dieu dans son corps par la repentance et le jeûne de pâque de sept jours.

Ils prirent l'engagement (firent alliance avec l'Éternel par un serment de fidélité) de chercher l'Éternel, le Dieu de leurs pères, de tout leur cœur et de toute leur âme; et quiconque ne chercherait pas l'Éternel, le Dieu d'Israël, devait être mis à mort, petit ou grand, homme ou femme.

Ils jurèrent fidélité à l'Éternel à voix haute, avec des cris de joie, et au son des trompettes et des cors; tout Juda se réjouit de ce serment, car ils avaient juré de tout leur cœur, ils avaient cherché l'Éternel de plein gré, et ils l'avaient trouvé, et l'Éternel leur donna du repos de tous côtés. Faites cela vous aussi, et vous serez émerveillés. Fortifiez-vous donc, et ne laissez pas vos mains s'affaiblir, car il y aura un salaire pour vos œuvres. (2 Chroniques 15 : 1-15).

Cette voix est l'unique que tous les hommes doivent emprunter pour aller à la recherche de Dieu, et pour le trouver. Voilà la sagesse que Dieu utilise pour tirer la postérité d'Abraham du milieu des impies. Car il est écrit: *puisque le monde, avec sa sagesse, n'a point connu Dieu dans la sagesse de Dieu, il a plu à Dieu de sauver les croyants par la folie de la prédication.* 1 Corinthiens 1 : 21.

Ne vous détournez pas de cette vérité pour suivre des fables, car tous n'ont pas cette connaissance. *Maudit soit donc l'homme qui se confie dans l'homme, qui prend la chair pour son appui, et qui détourne son cœur de l'Éternel! Il est comme un misérable dans le désert, et il ne voit point arriver le bonheur; il habite les lieux brûlés du désert, une terre salée et sans habitants.*

Béni soit l'homme qui se confie dans l'Éternel, et dont l'Éternel est l'espérance! Il est comme un arbre planté près des eaux, et qui étend ses racines vers le courant; il n'aperçoit point la chaleur quand elle vient, et son feuillage reste vert; dans l'année de la sécheresse, il n'a point de crainte, et il ne cesse de porter du fruit. Jérémie 17 : 5-8.

Si donc vous avez une pleine conviction que sans Jésus-Christ, vous ne pouvez rien faire, alors votre sauvetage aura bel et bien lieu. Car Jésus ne sauve point celui qui croit encore en ses potentialités. Et tant qu'il n'a pas encore le cœur entièrement brisé par l'épreuve, jusqu'à éprouver du repentir, il ne peut obtenir de soulagement. C'est cet état d'esprit qui pousse l'homme à se convertir et fragilise les liens du péché dans sa vie.

Lorsque nous sommes sous la puissance de Satan, il prend toujours la précaution de nous lier péché après péché, afin de prévenir d'éventuelles évasions. C'est pour cela aussi, que Dieu, a institué la pâque pour la sortie victorieuse de son peuple du pays d'Égypte. (Exode 12 et 13).

Pour se défaire donc de ces liens, chaque personne repentante doit obligatoirement célébrer la pâque en l'honneur de l'Éternel. Cette pâque est un jeûne partiel de sept jours, qui permet à l'homme de se réconcilier avec chacun des sept esprits de l'Éternel qu'il avait offensés de quelque manière que ce soit. Ce jeûne concerne les enfants qui ont déjà atteint l'âge de la puberté (12 ans) et les hommes mûrs. Car c'est à partir de cet âge-là que les comportements des uns et des autres changent, et que les hommes entrent de plein pied dans la connaissance du bien et du mal.

Voici la conduite à tenir lors de la célébration de la pâque en l'honneur de l'Éternel: *le premier et le septième jour, vous aurez une sainte convocation, vous ne ferez aucun travail ces jours-là; vous pourrez seulement préparer la nourriture de chaque personne.* Exode 12 : 16.

Pendant sept jours, il ne se trouvera rien d'impur dans vos maisons. (Exode 12 : 15). Durant le jeûne: *vous lirez Ésaïe 58 : 1-14.* Vous consacrerez aussi à l'Éternel tout premier-né; même tout premier-né des animaux: *les mâles appartiennent à l'Éternel* (au serviteur de Dieu). Vous rachèterez avec un agneau tout premier-né de l'âne; et, si vous ne le rachetez pas, vous lui briserez la nuque. Vous rachèterez aussi tout premier-né de vos enfants (avec une modeste somme d'argent que vous irez verser au serviteur de Dieu).

Et lorsque ton enfant te demandera un jour: *que signifie cela? Tu lui répondras: par sa main puissante, l'Éternel nous a fait sortir d'Égypte, de la maison de servitude; et, comme Pharaon (Satan) s'obstinait à ne point nous laisser aller, l'Éternel fit mourir tous les premiers-nés des hommes jusqu'au premiers-nés des animaux. Voilà pourquoi j'offre en sacrifice à l'Éternel tout premier-né des mâles, et je rachète tout premier-né de mes enfants.*

Ceci est valable pour toutes les célébrations de la pâque en l'honneur de l'Éternel. Selon qu'il est écrit: ce sera comme un signe sur ta main et comme des fronteaux entre tes yeux; car c'est par sa main puissante que l'Éternel nous fait sortir du pays d'Égypte. Exode 13 : 12-16.

Durant ce jeûne, vous vous abstiendrez complètement: *des rapports sexuels, du tabac, de la drogue, des boissons enivrantes et de tout stupéfiant. Vous ne goûterez à rien, dès quatre heures du matin jusqu'à dix-huit heures du soir; même pas de remède ou médicaments.*

Vous procéderez de jour en jour à la sanctification de votre âme en confessant tous vos péchés à Dieu par Jésus-Christ, car c'est lui l'Agneau sans défaut qui a été immolé comme sacrifice suprême et propitiatoire pour nos péchés. Son sang vous servira de signe sur vos corps, et il n'y aura point de plaie qui vous détruise. (Exode 12 : 13).

La confession des péchés se fera uniquement entre celui qui se converti et Dieu, car un homme ne peut être sincère qu'envers lui-même et envers Dieu. Mais si vous choisissez de le faire auprès d'un serviteur de Dieu quelconque, gardez-vous de dissimuler un seul de vos péchés, si grave soit-il. Car il est écrit: *celui qui cache ses transgressions ne prospère point, mais celui qui les avoue et les délaisse obtient miséricorde.* Proverbes 28 : 13.

Vous sanctifierez aussi vos maisons de toute abomination de l'idolâtrie, telles que: *des objets de culte des religions et sectes* (les livres, les crucifix, les chapelets, les images en fonte, les images taillées et les photos représentant des dieux, etc.). *Des objets de cultes des traditions, des tabous et des coutumes ancestrales; des objets de la sorcellerie, de la magie et de toutes les pratiques occultes. Des objets d'impudicité et de tout ce qui ne glorifie pas le Seigneur.*

Tout ceci doit être détruit par le feu, car ces choses sont non seulement des liens par lesquels Satan nous retient dans son royaume, mais encore des ponts par lesquels il passe pour nous atteindre, c'est pourquoi il faut absolument les brûler sans en laisser des traces. Celui qui les conservera chez lui dès le premier jusqu'au septième jour du jeûne risque la peine de mort. (Exode 12 : 15). Je sais de quoi je parle.

Vous vous débarrasserez provisoirement de tous vos ornements durant le jeûne (Genèse 35 : 1-5), et les femmes feront usage de foulards par respect pour Dieu. N'ayez pas peur d'agir, car le jeûne vous servira de protection et le sang de Jésus-Christ vous sauvera de la main de Satan, il lâchera prise sur vous, et votre délivrance ne fera que commencer.

La sanctification de votre maison se poursuivra par la restitution des choses mal acquises, quelle que soit leur valeur. Car il est écrit: *lorsqu'un homme ou une femme péchera contre son prochain en commettant une infidélité à l'égard de l'Éternel, et qu'il se rendra ainsi coupable, il confessera son péché, et il restituera dans son entier l'objet mal acquis, en y ajoutant un cinquième; il le remettra à celui envers qui il s'est rendu coupable. S'il n'y a personne qui ait droit à la restitution de l'objet mal acquis, cet objet revient à l'Éternel, au sacrificateur.* Nombres 5 : 6-8.

Vous ne conserverez point le souvenir du péché chez vous, pas même les photos de vos concubins et concubines du passé et du présent. Vous romprez aussi toute relation illicite de nature à compromettre votre relation avec Dieu. Car la repentance se fait à cent pour cent, et non approximativement.

Après ce grand nettoyage, vous regretterez devant Dieu d'avoir commis toutes ces transgressions, et vous lui demanderez de vous les pardonner. Vous prendrez ensuite une ferme résolution de ne plus jamais recommencer.

Le septième jour du jeûne, vous recevrez le baptême de repentance en vous faisant immerger par un serviteur de Dieu qui exerce ce ministère, et que vous aurez pris soin de prévenir à l'avance. Le jeûne se terminera le soir du septième jour et peut être suivi par un repas sacré ou non, tout dépend pour cela des moyens de chacun. Car cela ne change en rien le caractère sacré de la pâque, Jésus-Christ l'Agneau étant déjà consommé par la foi. Si vous êtes expéditifs, vous pouvez ce même jour conclure votre alliance avec Dieu.

Le souvenir de votre sortie d'Égypte se fera sur ordonnance de l'Éternel par la consultation de sa parole. Après votre repentance, vous constaterez que les démons de maladies qui vous tourmentaient sont partis. Vous pourrez en ce temps-là prendre des médicaments et votre mal guérira sans résistance. Les autres démons de prostitutions, de tabagisme, d'alcoolisme, de drogue, et de bien d'autres feront autant, et vous ne serez plus attirés par ces choses, ne les essayez non plus. Mais combattez le vice. Car si quelqu'un est en Christ, il est une nouvelle créature. Les choses anciennes sont passées; voici, toutes choses sont devenues nouvelles. 2 corinthiens 5 : 17.

Mais si après s'être retiré des souillures du monde, vous retournez encore dans votre ancienne vie, vous vous jetterez de nouveau dans les tourments. Car ainsi parle le Seigneur: *lorsque l'esprit impur est sorti d'un homme, il va par des lieux arides, cherchant du repos, et il n'en trouve point. Alors il dit: je retournerai dans ma maison d'où je suis sorti; et, quand il arrive, il la trouve vide, balayée et ornée. Il s'en va, et il prend avec lui sept autres esprits plus méchants que lui; ils entrent dans la maison, s'y établissent, et la dernière condition de cet homme est pire que la première. Il en sera de même pour cette génération méchante.* Matthieu 12 : 43-45.

En tant que nouveaux convertis, consultez chaque fois la volonté de Dieu, afin qu'elle vous guide et ne vous faites pas asservir par des hommes. Car ainsi parle l'Éternel à la maison d'Israël: *cherchez-moi et vous vivrez! Ne cherchez pas Béthel, n'allez pas à Guil-gal, ne passez pas à Beer-Schéba, car Guilgal sera captif, et Béthel anéanti. Cherchez l'Éternel, et vous vivrez! Craignez qu'il ne saisisse comme un feu la maison de Joseph, et que ce feu ne la dévore, sans personne à Béthel pour l'éteindre.* Amos 5 : 4-6.

Ne courez pas après les Églises! *Vous n'agirez pas ainsi à l'égard de l'Éternel, votre Dieu. Mais vous le chercherez à sa demeure, et vous irez au lieu que l'Éternel, votre Dieu, choisira parmi toutes vos tribus pour y placer son nom. C'est là que vous présenterez vos holocaustes, vos sacrifices, vos dîmes, vos prémices, vos offrandes en accomplissement d'un vœu, vos premiers-nés de votre gros et de votre menu bétail. C'est là que vous mangerez devant l'Éternel, votre Dieu, et que, vous et vos familles, vous ferez servir à votre joie tous les biens par lesquels l'Éternel, votre Dieu, vous aura bénis. Vous n'agirez donc pas comme nous le faisons maintenant ici, où chacun fait ce qui lui semble bon.* Deutéronome. 12 : 4-8.

Sachez tout de même que le baptême de repentance n'est pas la purification des souillures du corps, mais un engagement d'une bonne conscience envers Dieu.

(1 Pierre 3 : 21). Il concerne en particulier les païens qui viennent à Dieu pour se convertir.

Mais si quelqu'un (e) se nommant frère ou sœur en Christ, se rend compte que la repentance qu'il avait faite n'est pas conforme à celle-ci, qu'il la remette en cause et fasse comme Nicodème, quel que soit le rang qu'il occupe dans son Église. Qu'il n'ait point honte, mais qu'il accepte humblement de renaître de nouveau.

Ainsi, la nouvelle naissance est pour ceux qui croient marchez avec Dieu, alors qu'il n'en est rien du tout. C'est pourquoi il est écrit: si un homme ne naît d'eau et d'Esprit, il ne peut entrer dans le royaume de Dieu. Ce qui est né de la chair est chair, et ce qui est né de l'Esprit est esprit. Ne t'étonne pas que je t'aie dit: il faut que vous naissiez de nouveau. Jean 3 : 1-8).

Car ainsi parle Jésus-Christ à propos: *ceux qui me disent: Seigneur, Seigneur! N'entreront pas tous dans le royaume des cieux, mais celui-là seul qui fait la volonté de mon Père qui est dans les cieux. Plusieurs me diront en ce jour-là: Seigneur, Seigneur, n'avons-nous pas prophétisé par ton nom? N'avons-nous pas chassé des démons par ton nom? Et n'avons-nous pas fait beaucoup de miracle par ton nom?*

Alors je leur dirai ouvertement: je ne vous ai jamais connus, retirez-vous de moi, vous qui commettez l'iniquité. C'est pourquoi, quiconque entend ces paroles que je dis et les met en pratique, sera semblable à un homme prudent qui a bâti sa maison sur le roc. La pluie est tombée, les torrents sont venus, les vents ont soufflé et se sont jetés contre cette maison; elle n'est point tombée, parce qu'elle était fondée sur le roc. Mais quiconque entend ces paroles que je dis, et ne les met pas en pratique, sera semblable à un homme insensé qui a bâti sa maison sur le sable. La pluie est tombée, les torrents sont venus, les vents ont soufflé et ont battu cette maison: elle est tombée, et sa ruine a été grande. Matthieu 7 : 21-27.

CHAPITRE 5

LE BAPTÊME DE FEU

C'est un temps d'épreuve qui vient sur le nouveau converti, après sa sortie du pays d'Égypte ou de la servitude de Satan. Le Seigneur Jésus-Christ est passé lui aussi par-là, et tous les nouveaux convertis lui emboîtent forcement le pas. Car le serviteur n'est pas plus grand que son maître, il suffit simplement au serviteur d'être traité comme son maître.

Vous serez vous aussi éprouvés, vous subirez toutes sortes de pression de la part des mondains sous l'impulsion de Satan, visant à vous amener à abandonner votre engagement avec Christ. Soyez surtout inébranlables. Car il est écrit: *ne craignez pas ceux qui tuent le corps et qui ne peuvent tuer l'âme;*

craignez plutôt celui qui peut faire périr l'âme et le corps dans la géhenne. Ne vend-on pas deux passereaux pour un sou? Cependant il n'en tombe pas un à terre sans la volonté de votre Père. Et même les cheveux de votre tête sont tous comptés. Ne craignez donc point: vous valez plus que beaucoup de passereaux.

C'est pourquoi, quiconque me confessera devant les hommes, je le confesserai aussi devant mon Père qui est dans les cieux; mais quiconque me reniera devant les hommes, je le renierai aussi devant mon Père qui est dans les cieux. Ne croyez pas que je sois venu apporter la paix sur la terre; je ne suis pas venu apporter la paix, mais l'épée. Car je suis venu mettre la division entre l'homme et son père, entre la fille et sa mère, entre la belle-fille et sa belle-mère, et l'homme aura pour ennemi les gens de sa propre maison.

Celui qui aime son père ou sa mère plus que moi n'est pas digne de moi, et celui qui aime son fils ou sa fille plus que moi n'est pas digne de moi; celui qui ne prend pas sa croix, et ne me suit pas, n'est pas digne de moi. Celui qui conservera sa vie la perdra, et celui qui perdra sa vie à cause de moi la retrouvera. Matthieu 10 : 28-39.

Quand vous serez à votre tour éprouvés: *ne soyez pas surpris, comme d'une chose étrange qui vous arrive, de la fournaise qui est au milieu de vous pour vous éprouver. Réjouissez-vous, au contraire, de la part que vous avez aux souffrances de Christ, afin que vous soyez aussi dans la joie et dans l'allégresse lorsque sa gloire apparaîtra. Si vous êtes outragés pour le nom de Christ, vous êtes heureux, parce que l'Esprit de gloire, l'Esprit de Dieu, repose sur vous. Que nul de vous, en effet, ne souffre comme meurtrier, ou voleur, ou malfaiteur, ou comme s'ingérant dans les affaires d'autrui. Mais si quelqu'un souffre comme chrétien, qu'il n'en ait point honte, et que plutôt il glorifie Dieu à cause de ce nom. Car c'est le moment où le jugement va commencer par la maison de Dieu. Or, si c'est par nous qu'il commence, quelle sera la fin de ceux qui n'obéissent pas à l'Évangile de Dieu? Et si le juste se sauve avec peine, que deviendront l'impie et le pécheur? Ainsi, que ceux qui souffrent selon la volonté de Dieu remettent leurs âmes au fidèle Créateur, en faisant ce qui est bien. 1 Pierre 4 : 12-19.*

Lorsque Satan vous laissera aller, Dieu ne vous conduira point par le chemin le plus proche; car il sait que vous pourrez vous repentir en voyant la guerre, et retourner en Égypte. Mais Dieu vous fera faire un détour par un chemin difficile.

L'Éternel ira devant vous le jour dans une colonne de nuée (au travers de la consultation de sa parole) pour vous guider dans votre chemin, et la nuit dans une colonne de feu (les songes et visions nocturnes) pour vous éclairer sur votre couche, afin que vous marchiez jour et nuit. La colonne de nuée ne se retirera point (ses conseils ne vous manqueront point) de devant vous pendant le jour, ni la colonne de feu (son éclairage visuel des évènements) pendant la nuit. (Exode 13 : 17-22).

Vous suivrez ponctuellement toutes les directives que l'Éternel vous fera connaître dans la consultation de sa parole et dans les songes et visions nocturnes, et vous irez de victoire en victoire. Satan dira de vous: *il est égaré dans le pays; le désert l'enferme.* L'Éternel endurcira le cœur de Satan et il vous poursuivra; mais Satan et toute son armée serviront à faire éclater sa gloire, et les mondains sauront que l'Éternel est un Dieu Tout-Puissant. C'est ainsi que vous ferez. (Exode 14 : 5-31).

En ce jour-là, l'Éternel vous délivrera de la main de l'ennemi. Vous verrez la main puissante qu'il dirigera contre vos adversaires, vous craindrez l'Éternel et vous croirez en lui et en son serviteur. Cette terrible épreuve qui viendra éprouver votre attachement à Dieu, est le baptême de feu. Elle constitue une preuve palpable que vous avez véritablement changé de camp.

Si donc, après votre conversion, tout votre entourage demeure en paix avec vous, sachez que votre repentance n'a pas été approuvée par le Seigneur, vous êtes encore dans les liens de Satan. Car il est écrit: *vous serez haïs de tous, à cause de mon nom; mais celui qui persévéra jusqu'à la fin sera sauvé.* Matthieu 10 : 22.

La force et le courage que Dieu vous donne de supporter ce baptême, proviennent du jeûne de pâque, vous pouvez maintenant comprendre le bien-fondé de la célébration de la pâque en l'honneur de l'Éternel lors de votre sortie de la maison de servitude. Le nouveau converti qui passe victorieusement son baptême de feu, déclare l'amour au Seigneur Jésus-Christ. Le Seigneur l'aime et se fiance à lui; selon qu'il est écrit: *je serai ton fiancé par la justice, la droiture, la grâce et la miséricorde; je serai ton fiancé par la fidélité, et tu reconnaîtras l'Éternel.* Osée 2 : 21-22.

C'est donc à partir de cette épreuve que la confiance naît entre l'homme et Dieu, et la foi germe dans son cœur une fois pour toute, mais cette foi ne demande qu'à grandir jusqu'à transporter les montagnes.

CHAPITRE 6

LE RENONCEMENT

Le renoncement est l'abandon d'une chose ou un détachement volontaire d'elle. Il y a deux sortes de renoncement pour le converti: le renoncement à l'iniquité et le renoncement matériel.

a) **Le renoncement à l'iniquité**

Le renoncement à l'iniquité consiste à se détourner de la vaine manière de vivre des païens pour se conformer à la seule volonté de Dieu révélée aux hommes. Selon qu'il est écrit: *ainsi vous-mêmes, regardez-vous comme morts au péché, et comme vivants pour Dieu en Jésus-Christ. Que le péché ne règne donc point dans votre corps mortel, et n'obéissez pas à ses convoitises. Ne livrez pas vos membres au péché, comme des instruments d'iniquité; mais donnez-vous vous-mêmes à Dieu, comme étant vivants de morts que vous étiez, et offrez à Dieu vos membres, comme des instruments de justice. Car le péché n'aura point de pouvoir sur vous, puisque vous êtes, non sous la loi, mais sous la grâce.* Romains 6 : 11-14.

b) **Le renoncement matériel**

Le renoncement matériel quand à lui consiste à se détacher des biens éphémères de ce monde pour s'attacher à Jésus-Christ et le suivre partout où il vous traînera. Lorsque Dieu délivre son enfant de l'empire de Satan, celui-ci doit avoir ses reins ceints, ses souliers aux pieds, et son bâton à la main, et se mettre en hâte à la suite de son Sauveur. Il est tenu d'obéir à la voix de son Dieu, pour éviter tout désagrément.

Son cœur ne doit point être attaché aux choses du monde. Car il est écrit: *n'aimez point le monde, ni les choses qui sont dans le monde. Si quelqu'un aime le monde, l'amour du Père n'est point en lui; car tout ce qui est dans le monde, la convoitise de la chair, la convoitise des yeux, et l'orgueil de la vie, ne vient point du Père, mais vient du monde. Et le monde passe, et sa convoitise aussi; mais celui qui fait la volonté de Dieu demeure éternellement.* 1 Jean 2 : 15-17.

La volonté de Dieu ici est que chacun de ses enfants sorte du monde avec empressement, et renonce à ses multiples possessions acquises en Égypte, pour se mettre en route vers le royaume des cieux. Car le royaume des cieux appartient à Jésus-Christ et le royaume du monde appartient à Satan. Les choses du monde ne vont point dans le royaume des cieux. Seuls les hommes font ce voyage avec le strict nécessaire.

Lorsque Dieu voulut détruire Sodome et Gomorrhe, dès l'aube du jour, les anges insistèrent auprès de Lot, en disant: *lève-toi, prends ta femme et tes deux filles qui se trouvent ici, de peur que tu ne périsses dans la ruine de la ville. Et comme il tardait, les hommes le saisirent par la main, lui, sa femme et ses deux filles, car l'Éternel voulait l'épargner; ils l'emmenèrent, et le laissèrent hors de la ville. Après les avoir fait sortir, l'un d'eux dit: sauve-toi pour ta vie; ne regarde pas derrière toi, et ne t'arrête pas dans la plaine; sauve-toi vers la montagne, de peur que tu ne périsses. Hâte-toi de t'y réfugier, car je ne puis rien faire jusqu'à ce que tu y sois arrivé. La femme de lot regarda en arrière, et elle devint une statue de sel.* Genèse 19 : 15-17,22, 26.

La femme de Lot, disons-le avait l'amour du monde dans le cœur, et ne voulait pas renoncer à ses biens, c'est pourquoi elle transgressa l'ordre de l'Éternel et en subit des conséquences, à cause de sa conduite idolâtre. Ces choses ont été écrites pour nous servir de leçon. Gardez-vous vous aussi de sortir du monde ayant le cœur attaché aux biens matériels, étant déjà fiancé à Jésus-Christ. Sauvez-vous en hâte vers lui, et vendez ce que vous possédez. Car Jésus-Christ: *le royaume des cieux, est semblable à un trésor caché dans un champ. L'homme qui l'a trouvé le cache; et, dans sa joie, il va vendre tout ce qu'il a, et achète ce champ. Le royaume des cieux est encore semblable à un marchand qui cherche de belles perles. Il a trouvé une perle de grand prix; et il est allé vendre tout ce qu'il avait, et l'a acheté.* Matthieu 13 : 44-46.

Pour parvenir à garder Jésus-Christ avec soi comme fiancé, il faut payer un grand prix. Ce prix à payer est la dot que chaque converti, ancien ou nouveau, doit verser à l'Éternel, afin de mériter ses égards. Car après les fiançailles, la dot doit intervenir pour confirmer l'amour qui existe déjà entre le prétendant au royaume des cieux et son Seigneur; faute de quoi, le mariage n'aura jamais lieu entre les deux. Ceci est un test de bonne foi que Dieu fait à tous ceux qui lui disent à longueur des journées: *je t'aime, je t'aime!*

Mais c'est celui-là seul qui paie ce prix, qui devient véritablement son épouse. Car de nos jours, Jésus-Christ a plus de fanatiques que de disciples. C'est donc par le renoncement matériel qu'il éprouve tous ceux qui lui font la cour. Seule la vraie postérité d'Abraham, le père de la foi, en sort vainqueur.

Parce qu'Abraham, fut le premier homme à passer cette épreuve; quand Dieu lui demanda son fils unique en sacrifice. (Genèse 22 : 1-19). C'est pourquoi aussi, il est le père de tous ceux qui marchent sur ses traces. (Romains 4 : 12). Du côté positif (Jésus-Christ) tout comme du côté négatif (Satan). Car Satan utilise cette même épreuve pour éprouver la foi de ses adeptes. Ceux qui lui obéissent reçoivent en retour de grandes récompenses, mais ceux qui lui résistent, courent à leur perte à cause du pacte d'obéissance qui les lie.

Le secret de la prospérité et de la pauvreté des enfants de Dieu réside dans le renoncement matériel. Prospérité lorsqu'on accepte de tout son cœur de renoncer à ce qu'on a de cher, et pauvreté lorsqu'on préserve ce qu'on a de cher.

Dieu savait qu'en demandant les richesses à Abraham, il allait renoncer à tout ce qu'il possédait. Mais Dieu prit soin de rendre Abraham pauvre en enfants, et dans sa blanche vieillesse, il lui en donna un fils promis; et ayant attendu qu'Isaac soit d'abord le centre d'intérêt de son père, alors Dieu prit la résolution de le lui demander en holocauste. Il voulut par cet ordre impitoyable vérifier le degré d'amour qu'Abraham avait envers lui: *s'il aimait son fils unique plus que le Dieu pourvoyeur.*

Abraham ne consulta personne avant d'agir, il ne contesta même pas contre la volonté de son Dieu, et il ne considéra pas son fils plus que Dieu. Mais il se chargea de sa croix et fit violence sur lui-même en allant sans mot dire au lieu qu'avait indiqué l'Éternel. Il ne fit pas semblant de sacrifier son fils, son unique; mais il le prit subitement en haine, le lia et le mis sur le bois de l'autel pour lui donner la mort par amour pour l'Éternel.

Alors le Dieu, qui sonde les cœurs et les reins vit sa détermination et l'en empêcha. Il lui donna à la place, un bélier. Et Dieu dit à Abraham: *maintenant je sais que tu crains Dieu, et que tu ne m'as pas refusé ton fils, ton unique.* Et Dieu jura à Abraham par lui-même en disant: *je te bénirai et je multiplierai ta postérité, comme les étoiles du ciel et comme le sable qui est sur le bord de la mer; et ta postérité possédera la porte de ses ennemis. Toutes les nations de la terre seront bénies en ta postérité, parce que tu as obéis à ma voix.* Dieu n'étant pas un homme pour mentir, tient toujours ses promesses envers celui qui met sa parole en pratique. C'est pour cela qu'il a tout donné aux juifs.

Lorsque les enfants d'Israël sont sortis du pays d'Égypte, ils ont eux aussi renoncé: *aux champs, aux maisons et aux richesses de toute nature susceptibles d'entraver leur marche dans le désert, et ils sont allés à la suite de leur Dieu. Après quarante ans d'épreuve, ils finirent par trouver du repos et entrèrent en possession de la terre promise.*

Si Dieu a agi ainsi envers Abraham et envers sa première postérité, il en fera de même avec tout le reste jusqu'à la fin des temps. Toute la postérité d'Abraham du monde entier est touchée par le renoncement matériel. Car son bien-être et sa justification en dépendent. A présent donc, Dieu éprouve l'amour de ses enfants en leur demandant: soit la totalité, soit la moitié de leurs biens. Celui qui se montre égoïste à son égard, ne peut ni avoir accès au royaume de Dieu ni devenir cohéritier de Christ, fut-il baptisé. Or les chrétiens de ce siècle sont plus attachés à la loi qu'à la foi en Christ, à l'exemple de cet homme, qui accourut au-devant de Jésus, et, se jetant à genoux devant lui: *bon Maître, lui demanda-t-il, que dois-je faire pour hériter la vie éternelle? Jésus lui dit: pourquoi m'appelles-tu bon? Il n'y a de bon que Dieu seul. Tu connais les commandements: tu ne commettras point d'adultère; tu ne tueras point; tu ne déroberas point; tu ne diras point de faux témoignage; tu ne feras tort à personne; honore ton père et ta mère.*

Il lui répondit: Maître, j'ai observé toutes ces choses dès ma jeunesse. Jésus, l'ayant regardé, l'aima, et lui dit: il te manque une chose; va, vends tout ce que tu as, donne-le aux pauvres, et tu auras un trésor dans le ciel. Puis viens, et suis-moi. Mais affligé de cette parole, cet homme s'en alla tout triste; car il avait de grands biens.

Jésus regardant autour de lui, dit à ses disciples: qu'il sera difficile à ceux qui ont des richesses d'entrer dans le royaume de Dieu! Les disciples furent étonnés de ce que Jésus parlait ainsi. Et, reprenant, il leur dit: mes enfants, qu'il est difficile à ceux qui se confient dans les richesses d'entrer dans le royaume de Dieu! Il est plus facile à un chameau de passer par le trou d'une aiguille qu'à un riche d'entrer dans le royaume de Dieu. Les disciples furent encore plus étonnés, et ils se dirent les uns aux autres: et qui peut être sauvé? Jésus les regarda, et dit: cela est impossible aux hommes, mais non à Dieu: car tout est possible à Dieu.

Pierre se mit à lui dire: voici, nous avons tout quitté, et nous t'avons suivi. Jésus répondit: je vous le dis en vérité, il n'est personne qui, ayant quitté, à cause de moi et à cause de la bonne nouvelle, sa maison, ou ses frères, ou ses sœurs, ou sa mère, ou son père, ou ses enfants, ou ses terres, ne reçoive au centuple, présentement dans ce siècle-ci, des maisons, des frères, des sœurs, de mères, des enfants et des terres, avec des persécutions, et, dans le siècle à venir, la vie éternelle. Plusieurs des premiers seront les derniers et plusieurs des derniers seront les premiers. Marc 10 : 17-31.

N'agissez point comme cet homme qui croyait plaire à Dieu en gardant sa loi à la lettre, mais marchez par la foi en la parole du Seigneur, tout en gardant sa loi. Si donc vous aimez Dieu de tout votre cœur, de toute votre âme, de toute votre force et de toute votre pensée, ne craignez pas de quitter pour Christ, vos proches parents et vos biens. Car votre récompense sera très grande avant la fin de vos jours sur terre.

Cessez d'honorer Dieu du bout des lèvres et faites-le du fond de votre cœur. Reconnaissez que l'or et l'argent appartiennent à l'Éternel, et qu'il peut rendre riche ou pauvre qui il veut. Mais si vous continuez à vous accrocher désespérément sur vos biens, vous déshonorez Christ, et la pauvreté ne vous quittera point. Car si les serviteurs de Satan réussissent à attirer un grand monde auprès de leur maître, c'est à cause de leur prospérité. Nous, serviteurs de Dieu, pouvons faire davantage, car le seul sacrifice que Dieu demande à chacun de ses enfants avant de le combler tôt ou tard de tout, c'est ce qu'il possédait en Égypte avant sa conversion.

Celui qui fait volontiers le renoncement de ses possessions en l'honneur de Jésus-Christ, obtient la faveur de l'Éternel en toutes choses. Car Dieu a tout ce qu'il faut pour satisfaire à tous nos besoins avec abondance. En pratiquant le renoncement matériel, nous donnons en premier au Seigneur, et il nous rend aussi la politesse en nous donnant tout en retour. Mais ceux qui passent tout leur temps à dire que Dieu fait des vœux de bonheur et de prospérité à son peuple, et qui ne font rien pour entrer dans ce bonheur et dans cette prospérité, perdent leur temps à attendre ce qui malheureusement n'arrivera point. Car il est écrit: qui lui a donné le premier, pour qu'il ait à recevoir en retour? Romains 11 : 35.

Le bonheur des enfants de Dieu est conditionné par le renoncement matériel. Souvenez-vous que vos demandes ne sont pas toujours exaucées. Vous voulez avoir des enfants, et Dieu ne se dérange pas pour vous, parce que vous ne faites aucun cas de ses paroles. Abraham et Sara, qui étaient stériles n'obéirent-ils pas à Dieu, en quittant à la demande de l'Éternel, leur famille, leur maison et leurs terres pour aller à la suite de Dieu dans un lieu inconnu? Dieu ne leur donna-t-il pas une postérité? (Genèse 12 : 1-9; Genèse 17 : 1-8).

Étant donné que tout s'obtient au prix du sacrifice, il appartient à tous ceux qui se disent disciples de Jésus-Christ, de faire le premier pas, et Dieu fera le reste. Voilà la stratégie que Dieu utilise pour bénir ceux qui l'aiment. Si jusqu'à présent une grande majorité des enfants de Dieu est condamnée à la pauvreté, c'est par manque de connaissance, selon qu'il est écrit: ***mon peuple est détruit, parce qu'il lui manque la connaissance. Puisque tu as rejeté la connaissance, je te rejetterai, et tu seras dépouillé de mon sacerdoce: puisque tu as oublié la loi de ton Dieu, j'oublierai aussi tes enfants.*** Osée 4 : 6.

Maintenant, ne rejetez plus la connaissance, marchez par la foi et agissez sans consulter ni la chair ni le sang. Or sans la foi il est impossible de lui être agréable; car il faut que celui qui s'approche de Dieu croit que Dieu existe et qu'il est le rémunérateur de ceux qui le recherchent. Hébreux 11 : 6.

Vous tous qui avez soif (du bonheur et de la prospérité)*, venez aux eaux, même celui qui n'a pas d'argent! Venez, achetez et mangez, venez, achetez du vin et du lait, sans argent, sans rien payer! Pourquoi pesez-vous de l'argent pour ce qui ne nourrit pas? Pourquoi travaillez-vous pour ce qui ne rassasie pas? Écoutez-moi donc, et vous mangerez ce qui est bon, et votre âme se délectera de mets succulents.*

Prêtez l'oreille, et venez à moi, écoutez, et votre âme vivra: je traiterai avec vous une alliance éternelle, pour rendre durables mes faveurs envers David. Voici je l'ai établi comme témoin auprès des peuples, comme chef et dominateur des peuples. Voici tu appelleras des nations que tu ne connais pas, et les nations qui ne te connaissent pas accourront vers toi, à cause de l'Éternel, ton Dieu, du Saint d'Israël, qui te glorifie. Ésaïe 55 : 1-5.

Ne craignez point, petit troupeau, car votre père a trouvé bon de vous donner le royaume. Vendez ce que vous possédez, et donnez-le en aumônes. Faites-vous des bourses qui ne s'usent point, un trésor inépuisable dans les cieux, où le voleur n'approche point, et où la teigne ne détruit point. Car là où est votre trésor, là aussi sera votre cœur. Luc 12 : 32-34.

Jette ton pain sur la surface des eaux, car avec le temps tu le retrouveras; donnes-en une part à sept et même à huit, car tu ne sais pas quel malheur peut arriver sur la terre. Ecclésiaste 11 : 1.

Nul ne peut servir deux maîtres, car, où il haïra l'un, et aimera l'autre; ou il s'attachera à l'un, et méprisera l'autre. Vous ne pouvez servir Dieu et Mamon. Matthieu 6 : 24.

Considérant que nous venons dans le monde sans rien en main, et qu'en mourant, nous n'emportons rien, alors n'aimons point le monde. Si nous renions le dieu de ce monde pour suivre le Christ, ne nous intéressons plus à ses richesses. Car vous ne pouvez haïr quel-qu'un et aimer ses choses; sinon il revient vous les enlever de force pour vous plonger dans la misère. Car tout ce qui est dans le monde est la propriété de Satan, selon qu'il est écrit: *le diable, l'ayant élevé, lui montra en un instant tous les royaumes de la terre, et lui dit: je te donnerai toute cette puissance, et la gloire de ces royaumes; car elle m'a été donnée et je la donne à qui je veux.* Luc 4 : 5-6.

Il ne tolère point que ses biens lui soient enlevés. C'est pourquoi, renoncez à ses choses avant qu'il ne le veuille. Et Jésus-Christ vous donnera un trésor venant du royaume des cieux. Mais si vous persistez à l'idolâtrie après avoir été averti, l'Éternel vous forcera la main, selon qu'il est écrit: *ils jetteront leur argent dans les rues, et leur or sera pour eux un objet d'horreur; leur argent et leur or ne pourront les sauver, au jour de la fureur de l'Éternel; ils ne pourront ni rassasier leur âme, ni remplir leurs entrailles; car c'est ce qui les a fait tomber dans leur iniquité.*

Ils étaient fiers de leur magnifique parure, et ils en ont fabriqué les images de leurs abominations, de leurs idoles. C'est pourquoi je la rendrai pour eux un objet d'horreur. Je la donnerai en pillage aux mains des étrangers, et comme butin aux impies de la terre, afin qu'ils la profanent. Je détournerai d'eux ma face, et l'on souillera mon sanctuaire; des furieux y pénétreront, et le profaneront. Prépare les chaînes! Car le pays est rempli de meurtres, la ville est pleine de violence. Je ferai venir les plus méchants des peuples, pour qu'ils s'emparent de leurs maisons; je mettrai fin à l'orgueil des puissants, et leurs sanctuaires seront profanés.

La ruine vient! Ils cherchent le salut, et point de salut! Il arrive malheur sur malheur, un bruit succède un autre bruit; ils demandent des visions aux prophètes; les sacrificateurs ne connaissent plus la loi, les anciens n'ont plus de conseils. Le roi se désole, le prince s'épouvante, les mains du peuple du pays sont tremblantes. Je les traiterai selon leurs voies, je les jugerai comme ils le méritent, et ils sauront que je suis l'Eternel. Ézéchiel 7 : 19-27.

Pour vous, qui prendrez la sage décision de renoncer à vos possessions, sachez que la tâche ne vous sera point facile, car Satan s'y opposera et soulèvera tout votre entourage contre vous, afin de vous empêcher d'agir. En dépit de tout, préférez les ordonnances du Seigneur Jésus-Christ à celles de votre père, de votre mère, de votre femme, de vos enfants et de vos frères et sœurs.

Haïssez même votre propre vie en acceptant les peines que vous êtes appelés à endurer, pour Christ. Mais avant toute décision, asseyez-vous d'abord et calculez la dépense, évaluez toutes vos possessions et faites un choix judicieux entre Jésus et vos richesses, de peur qu'après avoir posé les fondements de votre salut, vous ne puissiez l'achever, et que tous ceux qui vous verront ne se mettent à vous railler, en disant: *cet homme a commencé à bâtir, et il n'a pas pu achever!*

Avant donc de déclarer définitivement la guerre à Satan, en vous révoltant contre son autorité pour suivre Jésus, examinez bien votre foi: *si vous êtes capables d'exécuter la volonté de Dieu ou non.* Sinon, tandis que Satan est encore loin, réconciliez-vous très rapidement avec lui, et demeurez sous sa domination.

Ainsi donc, quiconque d'entre vous ne renonce pas à tout ce qu'il possède ne peut être mon disciple, dit le Seigneur. La foi en Dieu est une bonne chose; mais la foi sans les œuvres est inutile. Que celui qui a les oreilles pour entendre, entende! (Luc 14 : 25-35).

Tous les vrais disciples de Jésus-Christ renoncent à leurs biens pour le suivre. Ses apôtres furent les premiers à mettre cet enseignement en pratique. Zachée le publicain se tint aussi devant Jésus, et lui dit: *voici, Seigneur, je donne aux pauvres la moitié de mes biens, et si j'ai fait tort de quelque chose à quelqu'un, je lui rends le quadruple. Jésus lui dit: le salut est entré aujourd'hui dans cette maison, parce que celui-ci est aussi un fils d'Abraham.* Luc 19 : 8-9.

A l'époque des premier chrétiens: *la multitude de ceux qui avaient cru n'étaient qu'un cœur et qu'une âme. Nul ne disait que ses biens lui appartinssent en propre, mais tout était commun entre eux. Les apôtres rendaient avec beaucoup de force témoignage de la résurrection du Seigneur Jésus. Et une grande grâce reposait sur eux tous. Car il n'y avait parmi eux aucun indigent: tous ceux qui possédaient des champs ou des maisons les vendaient, apportaient le prix de ce qu'ils avaient vendu, et le déposaient aux pieds des apôtres; et l'on faisait des distributions à chacun selon qu'il en avait besoin. Joseph, surnommé par les apôtres Barnabas, ce qui signifie fils d'exhortation, Lévite, originaire de Chypre, vendit un champ qu'il possédait, apporta l'argent et le déposa aux pieds des apôtres.* Actes 4 : 32-37.

Ils étaient chaque jour tous ensembles assidus au temple, ils rompaient le pain dans les maisons, et prenaient leur nourriture avec joie et simplicité de cœur, louant Dieu et trouvant grâce auprès de tout le peuple. Et le seigneur ajoutait chaque jour à l'église ceux qui étaient sauvés. Actes 2 : 46-47.

La même pratique se fait dans les sectes sataniques et parmi eux on ne trouve aucun pauvre. Mais dans les Églises qui se réclament de Jésus-Christ, les indigents surabondent à cause de l'impiété des uns et des autres. L'Église primitive fonctionnait à merveille, et Dieu se manifestait au milieu d'elle par de grands prodiges et miracles qui se faisaient par les mains des apôtres. Mais lorsque le mauvais esprit s'est emparé des hommes, les pratiques qui faisaient autrefois la force du christianisme furent foulées. Mais le dernier mot reviendra aux saints du Très-Haut.

C'est pourquoi retournons unanimement sur les traces des premiers disciples de Christ et pratiquons le christianisme à l'état pur. C'est alors que notre Seigneur renversera les satanistes qui dominent actuellement la terre pour nous donner une domination éternelle sur eux.

Achevez donc maintenant d'agir, afin que l'accomplissement selon vos moyens réponde à l'empressement que vous avez mis à vouloir. La bonne volonté, quand elle existe, est agréable en raison de ce qu'elle peut avoir à sa disposition, et non de ce qu'elle n'a pas. Car il s'agit, non de vous exposer à la détresse pour soulager les autres, mais de suivre une règle d'égalité: dans la circonstance présente votre superflu pourvoira à leurs besoins, afin que leur superflu pourvoie pareillement aux vôtres, en sorte qu'il y ait égalité, selon qu'il est écrit: celui qui avait ramassé beaucoup n'avait rien de trop, et celui qui avait ramassé peu n'en manquait pas. 2 Corinthiens 8 : 11-15.

Le renoncement matériel se fait donc de deux façons: *dans le cadre privé, et dans le cadre de l'assemblée, si celle-ci est approuvée de Dieu.*

1) Le renoncement en privé

Le renoncement en privé concerne le croyant qui a choisi de servir librement l'Éternel, son Dieu. Lorsque après avoir pris connaissance de cette vérité, il décide de la mettre en pratique, il vendra la totalité ou la moitié de ses possessions, issues de ses propres acquisitions, et non de l'héritage familial ou des legs. Il donnera en aumône aux pauvres tout l'argent recueilli, sans rien conserver pour lui-même.

A défaut de la vente, il peut les distribuer. S'il a aussi de l'argent en espèce, il prendra la moitié et en fera le partage aux nécessiteux, ou s'il avait fait des prêts aux indigents, il se relâchera de sa dette. Mais s'il n'a que des effets vestimentaires, il les divisera en deux parts égales et donnera une en don aux démunis. Tout ce qu'il a en quantité excédentaire doit être partagé.

Gardez-vous seulement de donner à Dieu des choses délabrées ou avariées. Car il est écrit: *maudit soit le trompeur qui a dans son troupeau un mâle, et qui voue et sacrifie au Seigneur une bête chétive! Car je suis un grand roi, dit l'Éternel des armées, et mon nom est redoutable parmi les nations.* Malachie 1 : 14.

Après avoir accompli cette justice de Dieu, gardez-vous d'être inquiets pour votre avenir. Car il est écrit: *ne vous inquiétez point, et ne dites pas: que mangerons-nous? Que boirons-nous? Car toutes ces choses, ce sont les païens qui les recherchent. Votre père céleste sait que vous en avez besoin. Cherchez premièrement le royaume et la justice de Dieu; et toutes ces choses vous seront données par-dessus. Ne vous inquiétez donc pas du lendemain; car le lendemain aura soin de lui-même. A chaque jour suffit sa peine.* Matthieu 6 : 31-34.

2) Le renoncement dans le cadre de l'assemblée

Le renoncement dans le cadre de l'assemblée à sa raison d'être, si et seulement si les dirigeants de ce lieu ont été les premiers à renoncer à leurs biens, avec des témoins à l'appui. Car le serviteur de Dieu ne doit point avoir de possession dans sa famille. Et lorsqu'il est appelé à servir l'Éternel, il doit renoncer à toutes ses possessions qu'il avait en Égypte, afin de servir d'exemple à toutes les brebis, car il dépend exclusivement de l'Éternel. Selon qu'il est écrit: *l'Éternel dit à Aaron: tu ne posséderas rien dans leur pays, et il n'y aura point de part pour toi au milieu d'eux. C'est moi qui suis ta part et ta possession, au milieu des enfants d'Israël.* Nombres 18 : 20.

Si ceux qu'on considère comme serviteurs de Dieu ne prêchent pas par le bon exemple, les croyants non plus ne doivent pas accepter de pratiquer leur renoncement dans cette Église-là, ils pourront aller au lieu que choisira l'Éternel. D'ailleurs le renoncement ne doit se faire qu'au milieu de vrais disciples de Christ, qui l'approuvent et non au milieu des idolâtres.

Si c'est parmi les disciples de Christ, chaque croyant fera la liste de tous ses biens, sans rien omettre, et l'apportera au serviteur de Dieu en poste, selon qu'il est écrit: *que celui à qui l'on enseigne la parole fasse part de tous ses biens à celui qui l'enseigne.* Galates 6 : 6.

Tout ce qui sera inscrit sur le papier et présenté au serviteur de Dieu, appartient d'office à l'Éternel. Le serviteur examinera la valeur de ces biens; s'il voit que le frère ou la sœur qui a fourni la liste de ses possessions est pauvre, il ne retiendra rien dans ses effets. Car Dieu lui-même n'avait point retenu l'unique fils d'Abraham. Cette règle s'appliquera aussi pour celui qui a le strict minimum (une seule voiture, une seule petite maison etc.) Mais ce frère qui n'a rien perdu de ses modestes biens fera partie de ceux qui ont renoncé, et prendra part au partage de l'abondance des autres.

Toutefois, si le serviteur tombe sur une liste fructueuse, il retiendra l'excèdent, exemple: *si le frère a deux maisons, la plus belle sera vendue ou donnée en don à Dieu, s'il en a quatre, deux seront mises en vente; ainsi de suite.*

Le serviteur fera lui-même le choix de tout ce qui doit se vendre, et laissera la charge au propriétaire, suivant le prix d'estimation de ce serviteur, qu'il soit bon ou mauvais.

Si ce frère veut racheter ses propres possessions qu'il a vouées au Seigneur, il ajoutera un cinquième au prix fixés par le serviteur de Dieu, et ses biens lui reviendront. Seul l'argent en espèce ne se rachète pas. Par opposition, si un frère ou une sœur a une seule maison ou un seul immeuble qui a plusieurs appartements, il est lui aussi tenu de faire le renoncement en sanctifiant à Dieu un ou plusieurs appartements pour le compte d'un ou de ses serviteurs. Celui-ci pourra en disposer à son gré jusqu'au jubilé. (Lévitique 27 : 14-25). A défaut du serviteur de Dieu, ces logements pourront aussi servir de refuge aux enfants de Dieu en détresse. (Nombres 35 : 15).

Tous les frères de l'assemblée sont les plus concernée par l'achat des choses qu'on sacrifie à l'Éternel. Car il est écrit: *c'est là que vous mangerez devant l'Éternel, votre Dieu, et que, vous et vos familles, vous ferez servir à votre joie tous les biens par lesquels l'Éternel, votre Dieu, vous aura bénis.* Deutéronome 12 : 7.

L'argent généré par le renoncement doit être entièrement déposé devant le serviteur de Dieu. Le comportement d'Ananias et de Saphira est à éviter sous peine de mort. (Actes 5 : 1-11). Car celui qui sème pour la chair moissonnera de la chair la corruption; mais celui qui sème pour l'Esprit moissonnera de l'Esprit la vie éternelle. Galates 6 : 8.

Cet argent n'appartient pas à titre personnel au serviteur de Dieu, mais à tout le corps de Christ qui a déjà rempli cette formalité de justice, les autres ne participeront point au partage. Le serviteur prendra rien que la dîme et supervisera le partage, qui se fera par les soins des diacres. Il se fera proportionnellement, selon la charge familiale des frères ou sœurs. Un frère ou une sœur seul aura une seule part; un couple sans enfant aura deux parts; mais un couple ayant des enfants encore mineurs aura des parts correspondantes à leur nombre.

Si Dieu a ordonné le renoncement matériel au milieu de ses disciples, c'était une façon sûre de nous exciter à nous aimer les uns les autres. Car si quelqu'un dit: *j'aime Dieu, et qu'il haïsse son frère en Christ, c'est un menteur; car celui qui n'aime pas son frère qu'il voit, comment peut-il aimer Dieu qu'il ne voit pas? Et nous avons de lui ce commandement: que celui qui aime Dieu aime aussi son frère.* 1 Jean 4 : 20-21.

Si quelqu'un possède les biens du monde, et que, voyant son frère dans le besoin, il lui ferme ses entrailles, comment l'amour de Dieu demeure-t-il en lui? Petits-enfants, n'aimons pas en paroles et avec la langue, mais en actions et en vérité. Par là nous connaîtrons que nous sommes de la vérité, et nous rassurerons nos cœurs devant lui; car si notre cœur nous condamne, Dieu est plus grand que notre cœur, et il connaît toutes choses. Bien-aimés, si notre cœur ne nous condamne pas, nous avons l'assurance devant Dieu. Quoique ce soit que nous demandions, nous le recevons de lui, parce que nous gardons ses commandements et que nous faisons ce qui lui est agréable. Et c'est ici son commandement: que nous croyions au nom de son Fils Jésus-Christ, et que nous nous aimions les uns les autres, selon le commandement qu'il nous a donné. Celui qui garde ses commandements demeure en Dieu, et Dieu en lui; et nous connaissons qu'il demeure en nous par l'Esprit qu'il nous a donné. 1 Jean 3 : 17-24.

Si donc vous avez compris l'importance du renoncement au milieu des disciples de Jésus-Christ, ne tolérez plus qu'il y ait des frères et des sœurs indigents dans votre assemblée, pendant que les autres, se nommant frères, savourent leur abondance sans se soucier des pauvres. Est-ce donc comme cela que nous vivrons dans la Jérusalem céleste? N'oubliez donc pas que le Seigneur jugera son peuple: *il séparera les uns d'avec les autres, comme le berger sépare les brebis d'avec les boucs; et il mettra les brebis à sa droite, et les boucs à sa gauche. Alors le roi dira à ceux qui seront à sa droite: venez, vous qui êtes bénis de mon Père; prenez possession du royaume qui vous a été préparez dès la fondation du monde. Car j'ai eu faim et vous m'avez donné à manger, j'ai eu soif, et vous m'avez donné à boire; j'étais étranger, et vous m'avez recueilli; j'étais nu, et vous m'avez vêtu; j'étais malade, et vous m'avez visité; j'étais en prison, et vous êtes venus vers moi.*

Les justes lui répondront: Seigneur, quand t'avons-nous vu avoir faim, et t'avons- nous donné à manger; ou avoir soif, et t'avons-nous donné à boire? Quand t'avons-nous vu étranger, et t'avons-nous recueilli; ou nu, et t'avons-nous vêtu? Quand t'avons-nous vu malade, ou en prison, et sommes-nous allés vers toi? Et le roi leur répondra: je vous le dis en vérité, toutes les fois que vous avez fait ces choses à l'un de ces plus petits de mes frères, c'est à moi que vous les avez faites.

Ensuite il dira à ceux qui seront à sa gauche: retirez-vous de moi, maudits; allez dans le feu éternel qui a été préparé pour le diable et pour ses anges. Car j'ai eu faim, et vous ne m'avez pas donné à manger; j'ai eu soif, et vous ne m'avez pas donné à boire; j'étais étranger, et vous ne m'avez pas recueilli; j'étais nu, et vous ne m'avez pas vêtu; j'étais malade et en prison, et vous ne m'avez pas visité. Ils répondront aussi: Seigneur, quand t'avons-nous vu avoir faim, ou ayant soif, ou étranger, ou nu, ou malade, ou en prison, et ne t'avons-nous pas assisté?

Et il leur répondra: je vous le dis en vérité, toutes les fois que vous n'avez pas fait ces choses à l'un de ces plus petits, c'est à moi que vous ne les avez pas faites. Et ceux-ci iront au châtiment éternel, mais les justes à la vie éternelle. Matthieu 25 : 32-46.

Avis donc aux idolâtres qui viennent dans la maison de Dieu pour se servir de Jésus-Christ plutôt que de le servir. Si vous cherchez à contourner cette étape de la foi en Christ par de faux raisonnements, vous risquez fort d'être déçus, car votre attente sera vaine. Et sachez que: *depuis le temps de Jean-Baptiste jusqu'à présent, le royaume des cieux est forcé et ce sont les violents qui s'en emparent.* Matthieu 11 : 12.

CHAPITRE 7

LA SAINTE ALLIANCE

L'alliance en général est un pacte, un engagement, un accord ou une convention conclue entre deux ou plusieurs individus. Elle a un code et des clauses inviolables visant à établir la concorde entre les contractants. Elle est toujours accompagnée d'un serment solennel, d'une effusion de sang, d'un jeûne ou d'un repas sacré, suivi des imprécations pour sanctionner celui qui transgresserait le premier ses clauses.

- **Deux hommes.** *(Genèse 21 : 22-34 ; Genèse 47 : 29-31).*

- **Deux pays ou États.** *(1 roi 5 : 1-18).*

- **L'élu et le peuple.** *(2 Samuel 5 : 1-4).*

- **Deux conjoints**. *(Matthieu 19 : 5-6 ; Malachie 2 : 14)*.

- **L'employeur et l'employé**. *(Génèse29 : 15-30 ; Genèse 24 : 2-9 ; Genèse 30 : 25-43)*.

- **Le beau-père et son beau-fils**. *(Genèse 31 : 43-55)*.

- **L'homme et Satan**. *(Esaïe28 : 15 ; Apocalypse 13 : 11-18 ; Apocalypse18 : 9-19)*.

- **Dieu tout-puissant et l'homme**. *(Genèse 9 : 8-17 ; Genèse 15 : 7-21 ; Exode 19 : 3-6 ; Genèse 22 : 12-18 ; 2 Samuel 7 :5-16)*.

- **L'homme et son Dieu**. *(2 Chroniques 15 : 8-19 ; 2 Rois 23 : 1-3 ; Néhémie 9 : v 38 à 10 : v 29 ; Josué 24 : 1-28 ; Deutéronome 29 : 1-29)*.

C'est par motif d'intérêt et de sécurité que les hommes contractent des alliances. Mais la conclusion d'une alliance n'exige pas forcément l'égalité entre les deux parties; l'une peut avoir des droits et l'autre des devoirs. Celle qui dispose de force et de puissance d'action accorde des garanties et la protection à la partie faible, à une condition: la fidélité du plus faible. (Deutéronome 26 : 16-19; Deutéronome 28 : 1-68;

Deutéronome 30 :1-20; Juges 11 : 1-11; Josué 9 : 3-15; Josué 10 : 6-7).

L'alliance est donc un lien sacré entre les contractants (Proverbes 20 : 25; Ézéchiel 20 : 37), et Dieu est toujours le témoin secret dans tous les traités d'alliances. (Malachie 2 : 14; Ézéchiel 17 : 18).

L'alliance peut se conclure en présence d'un médiateur homme ou non. Car l'intervention d'un médiateur ne change en rien la nature d'une alliance qui reste un contrat bilatéral créant une relation juridique entre deux contractants. Ainsi, l'alliance est placée sous une garantie divine et constitue un acte religieux, sans toutefois perdre son caractère juridique. En tant que souverain, Dieu seul peut interrompre n'importe quelle forme d'alliance conclue entre deux parties, même l'alliance entre l'homme et Satan si l'homme le lui demande. (Ésaïe 28 : 17-19).

La sainte alliance pour sa part est un contrat d'obéissance, de soumission et de fidélité, que le croyant conclut avec Dieu pour observer ses commandements et ses lois, et pour mettre en pratique ses ordonnances et ses prescriptions par la foi en sa parole.

Elle se renouvelle d'année en année et s'étend de génération en génération à toute la postérité spirituelle d'Abraham. Selon qu'il est écrit: *ce n'est point avec vous seuls que je traite cette alliance, cette alliance contractée avec serment. Mais c'est avec ceux qui sont ici parmi nous, présents en ce jour devant l'Éternel, notre Dieu, et avec ceux qui ne sont point ici parmi nous en ce jour.* Deutéronome 29 : 14-15.

Elle rétablit la paix et la concorde entre Dieu et l'homme, et se fait par une profession de foi prononcée à voix haute, avec la main levée du converti qui a franchi les précédentes étapes de l'itinéraire authentique du salut. Cette confession de foi à Dieu constitue une union définitive entre Dieu et son enfant, et exige une fidélité absolue. Dieu, en effet joue le rôle d'époux, aime son épouse d'un amour sincère, et ne supporte pas que celle-ci lui soit infidèle sous aucun prétexte ou se prostitue à d'autres dieux, après la conclusion de l'alliance, de peur de provoquer sa jalousie. (Exode 20 : 2-6).

Le code de cette alliance est composé: *des commandements, des lois, des ordonnances et des préceptes contenus dans les Saintes Écritures, et ses clauses sont: les bénédictions et les malédictions.* (Lévitique 26 : 1-39 et Deutéronome 28 : 1-68).

L'alliance entre le converti et Jésus-Christ peut se conclure en privé ou dans le cadre d'une assemblée.

Toutefois, pour éviter de douter de la bonne foi des frères ou sœurs qui concluent seuls leur alliance avec Dieu, il est souhaitable que ceux qui sont dans des assemblées le fassent en présence d'un médiateur, qui ne serait autre que le chef de cette Église de Dieu, ou d'un ancien de cette Église, qui a lui-même déjà fait alliance avec Dieu. Ceci vise à éloigner du milieu des disciples de Christ, les faux frères serviteurs de Satan qui tenteraient de s'introduire subrepticement parmi eux, afin de venir semer la confusion, car il est écrit: *le sceptre de la méchanceté ne restera pas sur le lot des justes, afin que les justes ne tendent pas les mains vers l'iniquité.* Psaumes 125 : 3.

Les hommes qui ne font pas partie de la postérité d'Abraham n'acceptent point d'entrer dans la sainte alliance de Christ, ils trouvent toujours des raisons pour l'éviter. Car c'est ce lien qui oblige l'homme à circoncire son cœur et à poser des actes dignes de la repentance, sinon, Dieu use directement de représailles contre lui; alors que celui-là qui se dit enfant de Dieu, et qui n'a point fait alliance avec Dieu, peut violer la justice sans être tout de suite inquiété, tout simplement parce qu'il n'est pas un enfant légitime de Dieu, mais plutôt un fanatique.

L'alliance sert d'une part, d'acte de reconnaissance que Dieu établit entre lui et celui qui le reconnaît pour son Père; et d'autre part, d'acte de mariage entre lui et son disciple. Sans cela, il n'y a pas d'amitié possible entre les deux. Ce pacte est l'unique moyen de rapprochement entre eux. Car Christ n'aime pas les rebelles et les orgueilleux, encore moins ceux qui ont le oui et le non au bout des lèvres. Il ne cherche pas les fanatiques, ni les religieux, mais les disciples assermentés. Car il est écrit: *plusieurs crurent en son nom, voyant les miracles qu'il faisait. Mais Jésus ne se fiait point à eux, parce qu'il n'avait pas besoin qu'on lui rendit témoignage d'aucun homme; car il savait lui-même ce qui était dans l'homme.* Jean 2 : 23-25.

C'est pourquoi, comme deux personnes ne peuvent marcher ensemble sans en être convenues, Christ non plus ne peut se permettre de faire route ensemble avec un homme quelconque sans entente préalable. Raison pour laquelle, Dieu s'arrange à proposer l'entrée dans son alliance à tous ceux qui viennent à lui, afin de les soumettre dans sa rigoureuse discipline.

Pourquoi donc Dieu exige-t-il à son peuple de faire alliance avec Lui? Parce que lorsqu'une personne accepte de se convertir en passant par la pâque et par les baptêmes par immersion et de feu, elle devient un enfant de Dieu par adoption, pas légitime. Si elle veut devenir un peuple acquis pour Dieu, elle doit entrer dans la sainte alliance de l'Éternel pour se conformer à sa volonté en toute chose, selon qu'il est écrit: *vous avez vu ce que j'ai fait à l'Égypte, et comment je vous ai portés sur des ailles d'aigles et amenés vers moi. Maintenant, si vous écoutez ma voix, et si vous gardez mon alliance, vous m'appartiendrez entre tous les peuples, car toute la terre est à moi; vous serez pour moi un royaume de sacrificateurs et une nation sainte.* Exode19 : 4-6.

Si donc vous refusez de faire alliance avec Dieu sous prétexte que vous êtes un soi-disant enfant de Dieu, il ne vous reconnaîtra pas pour son fils ou pour sa fille, vos péchés ne seront point pardonnés et vous ne prospérerez point parce que vous n'êtes pas membre de son corps mais un sympathisant. Car il est écrit: *alors je leur dirai ouvertement: je ne vous ai jamais connus, retirez-vous de moi, vous qui commettez l'iniquité.* Matthieu 7 : 23.

Il en est de même du côté de Satan; les sorciers sont aussi ses enfants par adoption à cause de leur initiation dans la connaissance du mal. Mais Satan ne les prend point pour son peuple acquis, c'est pourquoi ils ne prospèrent pas. Ceux-là seuls qui font consciemment alliance avec lui par le canal des sectes ésotériques deviennent ses enfants légitimes et il les rend prospère. (Apocalypse 13 : 16-17; Psaumes 73 : 4-12).

Trois mois après la sortir des enfants d'Israël du pays d'Égypte, et malgré tous les prodiges que Dieu avait opérés en leur faveur, ils n'étaient pas encore le peuple acquis de Dieu. Il fallait qu'ils acceptent d'abord l'entrée dans l'alliance de Dieu, par serment pour qu'ils soient considérés pour son peuple. Car Dieu savait d'avance la résistance qu'ils allaient lui opposer lors de la traversée du désert et les représailles qu'il devait les infliger. Dieu fait pareil avec tous les hommes qui viennent à lui, afin de casser leur résistance. (Exode 19 : 1-9). Faute d'alliance, la justice de Dieu est sans force devant le libre arbitre, qui garde toujours son influence sur les prétendus croyants.

Si par conséquent, vous n'avez pas anticipé votre entrée dans la sainte alliance de Christ lors de votre sortie d'Égypte après votre jeûne de pâque et que vous êtes maintenant d'accord avec la proposition de l'Éternel de le faire; voici, comment s'y prendre: *fixez le jour de votre entrée dans la sainte alliance.* Vous commencerez à vous sanctifier trois jours avant la date arrêtée; vous laverez vos vêtements; vous ne vous approcherez d'aucune femme ou d'aucun homme, le troisième jour, dès que vous serez prêts en présence du Seigneur, votre époux, vous lirez d'abord: *Exode 20 : 1-17; Lévitique 26 : 1-39 et Deutéronome 28 : 1-68.*

Si vous trouvez dure le code et les clauses de la sainte alliance, vous n'êtes pas obligés de la conclure. Car c'est un piège pour l'homme que de prendre à la légère un engagement sacré, et de ne réfléchir qu'après avoir fait un vœu. Proverbes 20 : 25.

Mais sachez tout de même qu'il est écrit: *en vérité, en vérité, je vous le dis, si vous ne mangez la chair du Fils de l'homme, et si vous ne buvez son sang, vous n'avez point la vie en vous-mêmes. Celui qui mange ma chair et qui boit mon sang à la vie éternelle; et je le ressusciterai au dernier jour. Car ma chair est vraiment une nourriture, et mon sang est vraiment un breuvage. Celui qui mange ma chair et qui boit mon sang demeure en moi, et je demeure en lui. Comme le Père qui est vivant m'a envoyé, et que je vis par le Père, ainsi celui qui me mange vivra par moi. C'est ici le pain qui est descendu du ciel. Il n'en est pas comme de vos pères qui ont mangé la manne et qui sont morts: celui qui mange de ce pain vivra éternellement.* Jean 6 : 53-58.

Si donc vous prenez une ferme résolution de manger la chair de Jésus-Christ et de boire son sang, alors vous pouvez le confesser. Christ étant la parole, il faut que celui qui veut le manger et qui veut boire son sang le fasse en parole. Selon qu'il est écrit: *la parole est près de toi, dans ta bouche et dans ton cœur. Si tu confesses de ta bouche le Seigneur Jésus, et si tu crois dans ton cœur que Dieu l'a ressuscité des morts, tu seras sauvé.*

Car c'est en croyant du cœur qu'on parvient à la justice, et c'est en confessant de la bouche qu'on parvient au salut, selon ce que dit l'Écriture: quiconque croit en lui ne sera point confus. Il n'y a aucune différence, en effet entre le Juif et le Grec, puisqu'ils ont tous un même Seigneur, qui est riche pour tous ceux qui l'invoquent. Car quiconque invoquera le nom du Seigneur sera sauvé. Romains 10 : 8-13.

Il faut dire en passant que derrière la sainte alliance de Christ, se cache la solution à tous les problèmes. J'en ai personnellement fait l'expérience sur la multitude qui s'approchait de Jésus par moi en quête de délivrance. Tous ont obtenu entière satisfaction par la grâce de Dieu.

La confession de foi qui sert de porte d'entrer dans le salut éternel peut être traduite en toutes les langues du monde. Les aveugles et les analphabètes peuvent se faire aider par un médiateur qui leur fera répéter la confession de foi après lui. Les sourds et muets feront eux aussi leur entrée dans la sainte alliance par l'intermédiaire de quelqu'un qui prononcera la confession de foi en Christ en leur lieu et place et en leur nom. Mais les concernés et leurs médiateurs doivent se sanctifier réciproquement. Car il est écrit: *que les sacrificateurs, qui s'approchent de l'Éternel* (les médiateurs), *se sanctifient aussi, de peur que l'Eternel ne les frappe de mort.* Exode 19 : 22.

Vous vous présenterez donc ce jour-là devant l'Éternel votre Dieu, pour entrer dans son alliance, dans cette alliance contractée avec serment, que l'Éternel, votre Dieu, traitera avec vous, afin de vous établir pour son peuple et d'être lui-même votre Dieu, comme il vous l'a dit, et comme il l'avait juré à Abraham, Isaac et Jacob en disant: *ce n'est point avec vous seuls que je traite cette alliance, cette alliance contractée avec serment. Mais c'est avec ceux qui seront là présents parmi vous en ce jour devant l'Éternel, votre Dieu, et avec ceux qui ne seront point-là parmi vous ce jour.* (Deutéronome 29 : 10-15).

L'entrée dans la sainte alliance se fait individuellement, chacun selon sa génération. Mais un parent qui a les enfants de moins de douze ans peut se permettre de citer les noms de ceux-ci lors de la conclusion de son alliance avec l'Éternel, en attendant qu'ils soient autonomes. Pendant la confession de foi à Christ, vous prendrez une position d'humilité devant l'Éternel: *à genoux, débout ou assise, selon votre forme physique. Vous lèverez la main droite et vous prononcerez à voix haute cette prière:*

Confession de Foi pour les nouveaux convertis

Seigneur Jésus-Christ, je m'appelle (noms de famille et prénoms), selon la parole de l'Évangile qui rend témoignage de toi, je crois moi aussi que tu es le Sauveur et le Seigneur du monde; que tu as versé ton précieux sang en mourant sur la croix pour me sauver; que tu es ressuscité des morts, et que tu vis éternellement.

J'ai donc décidé en ce jour de remettre ma vie entre tes mains: corps, âme et esprit. Accepte-moi aujourd'hui pour ton peuple et deviens toi-même mon Dieu, et le seul Maître de ma vie. De ma part, je m'engage à obéir à tes commandements; à observer tes lois et tes ordonnances; et à mettre en pratique tes prescriptions par la foi en ta parole.

Je le jure par le sang que tu as versé sur la croix que je tiendrai parole, si je me révolte contre ta volonté, que toutes les malédictions qui accompagnent cette alliance soient mon partage, jusqu'à ce que je sois détruit(e) de la face de la terre.

Je te demande de me baptiser du Saint-Esprit, afin qu'il m'aide à marcher avec fidélité et intégrité dans toutes les voies de la justice de Dieu. Mets tes lois dans mon esprit, et écris-les dans mon cœur; sois mon bouclier et protège-moi dès maintenant même de toute la puissance de Satan: sa présence et son influence dans ma vie; ses démons, ses chaînes, ses maladies (vous pouvez les citer intérieurement avant de continuer), et délivre-moi du célibat, du chômage, de la stérilité, de la pauvreté, des troubles, des échecs, des envoûtements, des malédictions, des liens ancestraux, des faiblesses et des penchants de mon cœur, de la prison, de la captivité, de l'inceste, de l'endettement, etc. et de tout ce qui peut me nuire ou m'empêcher de me soumettre à toi, afin de me permettre d'arriver au lieu que tu as préparé pour tes élus.

Voici les personnes qui me sont chères, que j'introduis dans mon alliance avec toi (nom de ton ou de tes épouse(s); de ton époux, et de tes propres enfants). Je sais désormais que toutes les promesses que tu as faites à Abraham et à sa postérité après lui sont déjà mon partage, et que toutes les bénédictions de la sainte alliance m'accompagnent, ainsi que mes descendants. Je scelle cette alliance par le sang et le nom puissant de notre Sauveur et Seigneur Jésus-Christ. Amen!

NB : Ces deux confessions de foi m'ont été transmises sous la dictée de l'Esprit Saint, et ne doivent en aucun cas être modifiées.

Après votre confession de foi, vous ferez part dans votre cœur à Dieu, de toutes vos doléances, et il les accomplira pour vous le moment venu; si vous lui êtes fidèles.

Sachez aussi qu'on se baptise pour les morts. (1 Corinthiens 15 : 29). Mais avant de le faire, consultez la volonté de Dieu, s'il est d'accord ou non. Si donc vous voulez assurer la résurrection à un parent, ou à un membre de votre famille, ou à un ami décédé sans être converti, célébrez la pâque à sa place, confessez ses péchés et faites-vous baptiser pour lui. Pratiquez aussi le renoncement pour lui, et vous irez le remettre aux prisonniers. Après cela, vous confesserez la foi à Jésus-Christ, avec son nom, et vous direz:

Confession de foi pour les morts

Seigneur Jésus-Christ, je m'appelle (nom du défunt(e) Selon la parole de l'Évangile qui rend témoignage de toi, je crois moi aussi que tu es le Sauveur et le Seigneur de l'univers; que tu es mort et tu as vécu, afin de dominer sur les morts et sur les vivants; que tu as versé ton précieux sang en mourant sur la croix pour me sauver; que tu es descendu dans le séjour des morts pour prêcher et libérer les captifs, et tu es ressuscité; que tu es vivant aux siècles des siècles et tu tiens les clefs de la mort et du séjour des morts. Que tu ouvres et personne ne peut fermer, tu fermes et personne ne peut ouvrir. Et tu as dit: je suis la résurrection et la vie. Celui qui croit en moi vivra, quand même il serait mort; et quiconque invoquera le nom du Seigneur sera sauvé.

Je crois en toi et je t'invoque. Maintenant Seigneur je te prie de te souvenir de moi dans ta miséricorde et délivre moi du séjour des morts pour le séjour de la vie en Christ. Accepte-moi aujourd'hui pour ton peuple et deviens toi-même mon Dieu et le seul Maître de mon existence. Pardonne-moi tout le mal que j'ai fait étant vivant. Je pardonne aussi à tous ceux qui m'avaient offensé.

De ma part, je m'engage à obéir à tes commandements; à observer tes lois et tes ordonnances; et à mettre en pratique tes prescriptions par la foi en ta parole, lorsque tu viendras régner parmi les hommes. Je le jure par le sang que tu as versé sur la croix que je tiendrai parole, si je me révolte contre ta volonté, que mon nom soit effacé de ton livre de vie.

Je te demande de me baptiser du Saint Esprit, afin qu'il soit un gage de rédemption pour mon âme. Je sais désormais que ta grâce m'accompagne, et je scelle cette alliance par le sang et le nom puissant de notre Sauveur et Seigneur Jésus-Christ. Amen!

Ce rituel de délivrance du mort, du séjour des morts pour le séjour de vie en Christ est très efficace. Car il est écrit: ***comme le père ressuscite les morts et donne*** *la vie, ainsi le Fils donne la vie à qui il veut. Le Père ne juge personne, mais il a remis tout jugement au Fils, afin que tous honorent le Fils comme il honore le Père. Celui qui n'honore pas le Fils n'honore pas le Père qui l'a envoyé. En vérité, en vérité, je vous le dis, celui qui écoute ma parole, et qui croit à celui qui m'a envoyé, à la vie éternelle et ne vient point en jugement, mais il est passé de la mort à la vie.*

En vérité, en vérité, je vous le dis, l'heure vient, et elle est déjà venue où les morts entendront la voix du Fils de Dieu; et ceux qui l'auront entendue vivront. Car, comme le père à la vie en lui-même, ainsi il a donné au Fils d'avoir la vie en lui-même. Et il lui a donné le pouvoir de juger, parce qu'il est Fils de l'homme. Ne vous étonnez pas de cela; car l'heure vient où tous ceux qui sont dans les sépultures entendront sa voix, et en sortiront. Ceux qui auront fait le bien, ressusciteront pour la vie, mais ceux qui auront fait le mal ressusciteront pour le jugement. Jean 5 : 21-29.

Les simples messes de requiem dans la liturgie de certaines religions, l'exposition de corps des person-nalités et même leur enterrement dans ces Églises ne contribuent en rien à leur salut éternel. Au contraire ces pratiques souillent ces lieux de cultes voués à l'Éternel, et glorifient Satan. Car la grande majorité de ces édifices religieux sont carrément érigés sur des sépultures; d'autre vont plus loin et étalent une multitude de crânes dans leurs sous-sols où les gens viennent les vénérer continuellement au grand mépris de Dieu qu'ils disent servir dans ces endroits. C'est pourquoi Dieu s'est retiré de ces lieux lugubres pour laisser place à la désolation et à la dévastation.

Car il est écrit: *fils de l'homme: c'est ici le lieu de mon trône, le lieu où je poserai la plante de mes pieds; j'y habiterai éternellement au milieu des enfants d'Israël. La maison d'Israël et ses rois ne souilleront plus mon saint nom par leurs prostitutions et par les cadavres de leurs rois sur leurs hauts lieux.*

Ils mettaient leur seuil près de mon seuil, leurs poteaux près de mes poteaux, et il n'y avait qu'un mur entre moi et eux; ils ont ainsi souillé mon saint nom par les abominations qu'ils ont commises; c'est pourquoi je les ai consumés dans ma colère.

Maintenant ils éloigneront de moi leurs prostitutions et les cadavres de leurs rois, et j'habiterai éternellement au milieu d'eux.

Toi, fils de l'homme, montre ce temple à la maison d'Israël; qu'ils en mesurent le plan, et qu'ils rougissent de leurs iniquités. S'ils rougissent de toute leur conduite, fais-leur connaître la forme de cette maison, sa disposition, ses issues et ses entrées, tous ses dessins et toutes ses ordonnances, tous ses dessins et toutes ses lois; mets-en la description sous leurs yeux, afin qu'ils gardent tous ses dessins et toutes ses ordonnances, et qu'ils s'y conforment dans l'exécution. Ézéchiel 43 : 7-10.

Le temple de Dieu ne doit-il pas être saint, éloigné de toute impureté? (Nombres 19 : 7-20). L'homme sage cherche Dieu pendant qu'il est encore en vie. Car l'argent n'achète point la miséricorde du Seigneur.

Toutefois, voici l'exhortation et l'assurance que le Seigneur donne à celui qui a fait son entrée dans la sainte alliance par la confession de foi à Christ: *aujourd'hui, l'Éternel, ton Dieu, te commande de mettre en pratique ces lois et ces ordonnances; tu les observeras et tu les mettras en pratique de tout ton cœur et de toute ton âme. Aujourd'hui, tu as fait promettre à l'Éternel qu'il sera ton Dieu, afin que tu marches dans ses voies, que tu observes ses lois, ses commandements et ses ordonnances et que tu obéisses à sa voix.*

Et aujourd'hui, l'Éternel t'a fait promettre que tu seras un peuple qui lui appartiendra, comme il te l'a dit, et que tu observeras tous ses commandements, afin qu'il te donne sur toutes les nations qu'il a créées la supériorité en gloire, en renom et en magnificence, et afin que tu sois un peuple saint pour l'Éternel, ton Dieu, comme il te l'a dit. Deutéronome 26 : 16-19.

Vous prendrez ensuite connaissance de cette sévère mise en garde: ***Deutéronome 29 : 16-29 et Deutéronome 30 : 1-20.***

Lorsqu'un homme fait alliance avec Dieu, il ne devient conscient que lorsqu'il est humilié, c'est en ce temps-là qu'il commence à se rendre compte du sérieux de sa confession de foi. Car il est écrit: ***avant d'avoir été humilié, je m'égarais; maintenant j'observe ta parole.*** Psaumes 119 : 67.

Après votre entrée dans la sainte alliance, l'Éternel vous revêtira de la puissance d'en haut, l'Esprit Saint qu'il fera habiter dans votre cœur, afin qu'il vous rappelle sa volonté, vous aide à la mettre en pratique; à atteindre la terre promise et le salut éternel. La seule chose que vous devez faire, c'est d'obéir sans contestation à sa voix, pour qu'il résolve tous vos problèmes: de délivrance, de guérison, de bien-être, de fertilité, de sécurité, de protection, d'abondance, de longévité, etc. (Exode 23 : 20-33).

Mais si vous persistez à la révolte contre lui, il n'y aura point d'aurore pour vous. (Lévitique 26 : 14-39). C'est pourquoi, choisissez: *la soumission, la fidélité et l'intégrité, afin de bénéficier de sa bienveillance.*

Tous ceux qui traitent alliance avec Dieu doivent quotidiennement consulter son Christ, pour éclairer leurs ténèbres. Car il est écrit: *je suis la lumière du monde; celui qui me suit ne marchera pas dans les ténèbres, mais il aura la lumière de la vie.* Jean 8 : 12.

En lui résident la sagesse et la puissance. Le Conseil et l'intelligence lui appartiennent. Il possède la force et la prudence; il maîtrise celui qui s'égare ou fait égarer les autres. Job 12 : 13,16.

L'avantage de l'alliance avec Christ est qu'il n'abandonne point ses enfants dans l'adversité. Il les exhorte à se détourner du mal. Ceux qui n'écoutent pas, sont sévèrement châtiés, car il est écrit: *si les cieux en haut peuvent être mesurés, si les profondeurs de la terre en bas peuvent être sondées, alors je rejetterai toute la race d'Israël, à cause de tout ce qu'ils ont fait, dit l'Éternel.* Jérémie 31 : 37.

Il dit encore: *je connais les projets que j'ai formés sur vous, projets de paix et non de malheur, afin de vous donner un avenir et de l'espérance. Vous m'invoquerez, et vous partirez; vous me prierez, et je vous exaucerai. Vous me chercherez, et vous me trouverez, si vous me cherchez de tout votre cœur. Je me laisserai trouvez par vous, et je ramènerai vos captifs; je vous rassemblerai de toutes les nations et de tous les lieux où je vous ai chassés, et je vous ramènerai dans le lieu d'où je vous ai fait aller en captivité.* Jérémie 29 : 11-14.

Lorsqu'il vous arrivera donc d'être maltraité par Dieu parce que vous aurez violé son alliance par des actes d'infidélité, repentez-vous par un jeûne de pâque et vous trouverez de nouveau la paix. (Lévitique 26 : 33-46).

La différence entre l'ancienne et la nouvelle alliance

Outre l'alliance de la circoncision; l'ancienne alliance est l'alliance de la loi que l'Éternel traitait avec les enfants d'Israël avant la venue de Christ sur la terre. Dans cette alliance, les dix commandements étaient écrits sur les tables de pierre, les Israélites les lisaient et s'efforçaient eux-mêmes à les mettre en pratique. Son sacrifice était les animaux et leur sang. L'ange de l'Éternel marchait devant le peuple pour le guider le jour par une colonne de nuée et la nuit par une colonne de feu, pour le protéger en chemin et pour le faire arriver au lieu que Dieu avait préparé pour eux. (Exode 23 : 20-31).

La première alliance avait aussi des ordonnances relatives au culte, et au sanctuaire terrestre. (Hébreux 9 : 2-10). Elle a donc été remplacée par la nouvelle. La nouvelle alliance ou la sainte alliance est l'alliance de la foi en Christ (la parole de Dieu) que l'Éternel fait avec toute la postérité spirituelle d'Abraham du monde.

Dans cette alliance, Dieu met ses lois dans l'esprit de celui qui la conclut avec lui, et il écrit ces lois dans les tables de son cœur où il fait habiter son Esprit Saint, afin qu'il les lui rappelle de temps en temps, et l'aide à les mettre en pratique par la foi.

Car l'Esprit met en lui la haine de l'iniquité, le conduit dans toute la vérité de Dieu, le conseille et guide ses pas dans la voie juste et droite, le protège en chemin et le fait arriver dans la terre promise. (Hébreux 8 : 10-11).

Son sacrifice est le corps de Jésus-Christ et son sang. (Hébreux 9 : 11-28). Cette alliance a aussi des ordonnances relatives au culte, et au sanctuaire terrestre. Tous ceux qui la concluent avec Christ dépendent uniquement de Jésus et non d'aucun homme ni d'aucune Église d'hommes. Car il est écrit: *lorsqu'il a fait sortir toutes ses propres brebis, il marche devant elles; et les brebis le suivent, parce qu'elles connaissent sa voix. Elles ne suivront point un étranger; mais elles fuiront loin de lui, parce qu'elles ne connaissent pas la voix des étrangers.* Jean 10 : 4-5.

La commémoration ou le renouvellement de la nouvelle alliance avec Christ se fait par un jeûne de sanctification de sept jours suivit d'un repas sacré appelé sainte cène tel que recommandé par le Seigneur Jésus-Christ lui-même. (Marc 14 : 15-25; 1 corinthiens 11 : 17-34).

Cependant, la nouvelle alliance n'est réellement entrée en vigueur qu'après la mort et la résurrection du Seigneur, et la conclusion de son testament par l'apôtre Jean. (Hébreux 9 : 15-17).

Toutefois la nouvelle alliance en Christ ne signifie pas abolition des commandements, des lois, des ordonnances, et des préceptes de l'Éternel. Car il est écrit: *si ces lois viennent à cesser devant moi, dit l'Éternel, la race d'Israël aussi cessera pour toujours d'être une nation devant moi.* Jérémie 31 : 36. (Matthieu 5 : 17-20).

Mais la nouvelle alliance en Christ, c'est la mise en pratique de sa parole par la foi. Et c'est l'Esprit de Christ lui-même qui accomplit la loi à la place du disciple, grâce à la bonne volonté de celui-ci.

Conscient que le croyant qui fait pacte avec Jésus-Christ, et qui marche par la foi en lui, vole de victoire en victoire, Satan, l'ennemi de la justice sera dans son cœur hostile à l'alliance sainte, il agira contre elle. Il sera furieux contre elle et ne restera pas inactif, il portera ses regards sur ceux qui auront abandonné l'alliance sainte. Des troupes se présenteront sur son ordre; elles profaneront le sanctuaire (le corps de l'homme qui aura abandonné son alliance avec Dieu), la forteresse, elles feront cesser le sacrifice perpétuel (la marche par la foi en la parole de Dieu), et dresseront l'abomination du dévastateur.

Il séduira par de flatteries les traîtres de l'alliance. Mais ceux du peuple qui connaîtront leur Dieu agiront avec fermeté, et les plus sages parmi eux donneront instruction à la multitude. Il en est qui succomberont pour un temps à l'épée et à la flamme, à la captivité et au pillage. Dans le temps où ils succomberont, ils seront un peu secourus, et plusieurs se joindront à eux par hypocrisie. Quelques-uns des hommes sages succomberont, afin qu'ils soient épurés, purifiés et blanchis, jusqu'au temps de la fin, car elle n'arrivera qu'au temps marqué. Daniel 11 : 28-35.

Ainsi donc, frères, puisque nous avons au moyen du sang de Jésus, une libre entrée dans le sanctuaire par la route nouvelle et vivante qu'il a inaugurée pour nous au travers du voile, c'est-à-dire, de sa chair, et puisque nous avons un souverain sacrificateur établi sur la maison de Dieu, approchons-nous avec un cœur sincère, dans la plénitude de la foi, les cœurs purifiés d'une mauvaise conscience, et le corps lavé d'une eau pure. Retenons fermement la profession de notre espérance, car celui qui a fait la promesse est fidèle.

Veillons les uns sur les autres, pour nous exciter à la charité et aux bonnes œuvres. N'abandonnons pas notre assemblée (la foi en Christ) comme c'est la coutume de quelques-uns; mais exhortons-nous réci-proquement, et cela d'autant plus que vous voyez s'approcher le jour. Car si nous péchons volontaire-ment après avoir reçu la connaissance de la vérité, il ne reste plus de sacrifice pour les péchés, mais une attente terrible du jugement et l'ardeur d'un feu qui dévorera les rebelles.

Celui qui a violé la loi meurt sans miséricorde, sur la déposition de deux ou de trois témoins; de quel pire châtiment pensez-vous que sera jugé digne celui qui aura foulé aux pieds le Fils de Dieu, qui aura tenu pour profane le sang de l'alliance, par lequel il a été sanctifié, et qui aura outragé l'Esprit de la grâce? Car nous connaissons celui qui a dit: *à moi la vengeance, à moi la rétribution! Et encore: le Seigneur jugera son peuple, c'est une chose terrible que de tomber entre les mains du Dieu vivant.*

Souvenez-vous de ces premiers jours, où, après avoir été éclairés, vous avez soutenu un grand combat au milieu des souffrances, d'une part, exposés comme en spectacles aux opprobres et aux tribulations, et de l'autre, vous associant à ceux dont la position était la même. En effet, vous avez eu de la compassion pour les prisonniers, et vous avez accepté avec joie l'enlèvement de vos biens, sachant que vous avez des biens meilleurs et qui durent toujours.

N'abandonnez donc pas votre assurance, à laquelle est attachée une grande rémunération. Car vous avez besoin de persévérance, afin qu'après avoir accompli la volonté de Dieu, vous obteniez ce qui vous est promis. Encore un peu, un peu de temps: *celui qui doit venir viendra, et il ne tardera pas. Et mon juste vivra par la foi; mais, s'il se retire, mon âme ne prend pas plaisir en lui.* Nous, nous ne sommes pas de ceux qui se retirent pour se perdre, mais de ceux qui ont la foi pour sauver leur âme. Hébreux 10 : 19-39.

CHAPITRE 8

LA FOI EN CHRIST

La foi en Christ est une confiance absolue en la parole de Dieu. Car la foi vient de ce qu'on entend, et ce qu'on entend vient de la parole de Christ. Romains 10 : 17. Cette foi a pour fondement: la sainte alliance. Car c'est le pacte de fidélité et d'obéissance que le croyant conclut avec Dieu qui le force à se maintenir dans la foi en sa parole. Cette foi est la porte du salut que Dieu ouvre devant lui pour le faire parvenir à la justification et à ses privilèges. Sans cette alliance, il ne peut y avoir de foi véritable chez le converti. Car cette foi s'accompagne toujours des promesses (les provisions que Dieu tient en réserve pour ses fidèles). Pour les hériter, le croyant doit se remettre en cause pour se fier uniquement à la parole de Dieu. (Romains 4 : 13-25).

En ce temps-là, la foi devient une ferme assurance des choses qu'on espère, une démonstration de celles qu'on ne voit pas. (Hébreux 11 : 1). Car il est écrit: *comme la pluie et la neige descendent des cieux, et n'y retournent pas sans avoir arrosé, fécondé la terre, et fait germer les plantes, sans avoir donné de la semence au semeur et du pain à celui qui mange, ainsi en est-il de ma parole, qui sort de ma bouche: elle ne retourne point à moi sans effet, sans avoir exécuté ma volonté et accompli mes desseins.* Ésaïe 55 : 10-11.

Le climat qu'apporte la sainte alliance donne obligatoirement lieu à l'accomplissement des promesses. Alors, cette foi devient: *une ferme conviction des choses qu'on espère.* (Marc 11 : 22-24).

Mais la foi ne doit pas se reposer sur les miracles. Pour que la foi soit vivante et croisse, le disciple doit apprendre à expérimenter la parole de Christ au quotidien dans sa propre vie, et dans celle des autres au travers de la consultation régulière de sa parole. Dès lors que le croyant donne libre cours à la volonté de Dieu dans sa vie, il commence à lui être agréable, et emprunte une destination sûre, qui le conduira tôt ou tard à la réalisation des promesses de Dieu.

Pour parvenir au salut éternel, il doit passer par la foi, afin de mettre en pratique la loi de Dieu. Car la mise en pratique de la loi selon la lettre a laissée place à la foi en Christ. (Romains 10 : 4). Cette vie nouvelle est guidée par l'Esprit de Christ qui habite dans le cœur du Chrétien. (Galates 5 : 18). Et la foi de ce disciple devient manifeste par l'amour envers son Dieu, par l'obéissance à sa parole en toutes choses et par l'amour de son prochain. En ce temps-là, il obtient sa faveur, parce qu'il a les regards sur Jésus, le Chef et le con-sommateur de la foi. (Hébreux 12 : 2).

Pour marcher en permanence par la foi, le disciple doit donc consulter quotidiennement par le sort la parole de Dieu, afin de connaître sa volonté en toutes circonstances, alors toutes ses ténèbres seront éclai-rées. Car il est écrit: *consultez le livre de l'Éternel, et lisez! Aucun d'eux ne fera défaut, ni l'un ni l'autre ne manqueront; car sa bouche l'a ordonné. C'est son Esprit qui les rassemblera. Il a jeté pour eux le sort, et sa main leur a partagé cette terre au cordeau, ils la posséderont toujours, ils l'habiteront d'âge en âge.* Ésaïe 34 : 16-17.

Mais la foi n'anéantit pas la loi, au contraire, les deux font au contraire bon ménage. Cependant aucun homme n'est capable de garder à la lettre cette loi. Par la foi, cela est possible.

La marche par la foi commença par Noé, mais véritablement par Abraham. Lorsque Dieu s'approcha de lui, il vint, non plus avec la loi comme chez Adam, mais avec la foi d'abord. Dieu essaya la foi sur lui, afin de voir s'il croirait en sa parole et s'il obéirait à sa volonté ou non. C'est ainsi que Dieu demanda en songe à Abraham de quitter définitivement la maison de son père pour un autre pays. Et il lui fit des promesses. (Genèse 12 : 1-5).

C'est par la foi qu'Abraham, lors de sa vocation, obéit et partit pour un lieu qu'il devait recevoir en héritage, et qu'il partit sans savoir où il allait. C'est par la foi qu'il vint s'établir dans la terre promise comme dans une terre étrangère, habitant sous des tentes, ainsi qu'Isaac et Jacob, les cohéritiers de la même promesse. Hébreux 11 : 8-9.

L'expérience de la foi réussit avec Abraham. Dieu l'aima, et établit son alliance avec lui et ses descendants, selon leurs générations, en disant: *c'est ici mon alliance, que vous garderez entre moi et vous, et ta postérité après toi: tout mâle parmi vous sera* *circoncis. **Vous vous circoncirez; et ce sera un signe d'alliance entre moi et vous.*** Genèse 17 : 10-11.

Après la confiance aveugle d'Abraham envers Dieu, l'Éternel ajouta à sa foi la loi de la circoncision. Ainsi Abraham et sa postérité marchaient par la foi en la parole de Dieu tout en gardant sa loi. (Actes 7 : 8).

Lorsque Rebecca, femme d'Isaac devint enceinte et que les enfants se heurtaient dans son sein, elle alla consulter l'Éternel pour savoir ce qui se passait en elle. (Genèse 25 : 21-23). Dieu lui dit tout jusqu'à l'avenir des deux enfants qu'elle portait. C'est pourquoi lorsque Isaac voulut bénir Ésaü, Rebecca agit selon la volonté de Dieu, qui lui avait été révélée lors de la consultation de l'Éternel, et elle déjoua son mari par le maquillage qu'elle fit faire à Jacob. Dieu fut avec elle, parce qu'elle avait cru en la parole de Dieu et s'était conduite par la foi.

Convaincu de la foi de son peuple, Dieu sortit de l'anonymat qu'il avait adopté à cause du péché d'Adam et s'adressa à voix haute à tous les descendants d'Abraham à Horeb, le jour où il fit solennellement alliance avec eux. (Exode 20 : 1-17).

Tout le peuple entendait les tonnerres (la voix tournante de l'Éternel) et le son de la trompette; il voyait les flammes de la montagne fumante. A ce spectacle, le peuple tremblait, et se tenait dans l'éloignement. Ils dirent à Moïse: *parle-nous toi-même, et nous écouterons; mais que Dieu ne nous parle point, de peur que nous ne mourions.*

Moïse dit au peuple: *ne vous effrayer pas; car c'est pour vous mettre à l'épreuve que Dieu est venu, et c'est pour que vous ayez sa crainte devant les yeux, afin que vous ne péchiez point.* Le peuple restait dans l'éloignement; mais Moïse s'approcha de la nuée ou était Dieu.

L'Éternel dit à Moïse: *tu parleras ainsi aux enfants d'Israël: vous avez vu que je vous ai parlé depuis les cieux. Vous ne ferez point des dieux d'argent et des dieux d'or, pour me les associer; vous ne vous en ferez point.* Exode 20 : 18-23.

L'Éternel dit encore à Moïse: *j'ai entendu les paroles que ce peuple t'a adressées: tout ce qu'ils ont dit est bien.* Oh! S'ils avaient toujours ce même cœur pour me craindre et pour observer tous mes commandements, afin qu'ils fussent heureux à jamais, eux et leurs enfants! Va, dis-leur: retournez dans vos tentes.

Mais toi, reste ici avec moi et je te dirai tous les commandements, les lois, et les ordonnances, que tu leurs enseigneras, afin qu'ils les mettent en pratique dans le pays dont je leur donne la possession.

Vous ferez avec soin ce que l'Éternel, votre Dieu vous a ordonné; vous ne vous en détournerez ni à droite, ni à gauche. Vous suivrez entièrement la voie que l'Éternel, votre Dieu, vous a prescrite, afin que vous viviez et que vous soyez heureux, afin que vous prolongiez vos jours dans le pays dont vous aurez la possession. Deutéronome 5 : 28-33.

C'est donc la peur de l'homme d'entendre souvent la voix effrayante de Dieu, qui a poussée l'Éternel à la rédaction de la Bible. Mais ceux qui l'ignorent déduisent que Dieu n'existe pas où qu'il est mort. Comme la voie de l'homme n'est pas en son pouvoir, et que ce n'est pas à l'homme, quand il marche, à diriger ses pas, (Jérémie 10 : 23). Dieu choisit alors de communiquer par écrit avec l'homme et mit dans un livre tout ce qu'il avait à lui dire.

Car Dieu a créé l'homme comme le pharmacien fabrique son médicament, et l'accompagne à l'officine avec une notice d'utilisation pour toute fin utile. Dieu aussi a accompagné l'homme sur la terre avec une notice de conduite qu'est la Bible. Cette Bible est un livre qui contient toute la volonté de Dieu du passé, du présent, et du future, révélée aux hommes.

Avant son élaboration, Moïse et les autres prophètes étaient des voyants auprès du peuple. Ainsi, Moïse prit la tente et la dressa hors du camp, à quelque distance; il l'appela tente d'assignation (de rencontre entre Dieu et les hommes); et tous ceux qui consultaient l'Éternel allaient vers la tente d'assignation, qui était hors du camp. Lorsque Moïse se rendait à la tente, tout le peuple se levait, chacun se tenait à l'entrée de sa tente, et suivait des yeux Moïse, jusqu'à ce qu'il fût entré dans la tente.

Et lorsque Moise était entré dans la tente, la colonne de nuée (Dieu) descendait et s'arrêtait à l'entrée de la tente, et l'Éternel parlait avec Moïse. Tout le peuple voyait la colonne de nuée qui s'arrêtait à l'entrée de la tente, tout le peuple se levait et se prosternait à l'entrée de sa tente. L'Éternel parlait avec Moïse face à face, comme un homme parle avec son ami. Puis Moïse retournait au camp; mais son jeune serviteur, Josué, fils de Nun, ne sortait pas du milieu de la tente. Exode 33 : 7-11.

Les enfants d'Israël allaient consulter l'Éternel par Moïse, pour connaître la conduite à tenir face à leurs préoccupations. En effet tout ce que l'homme désire savoir le concernant, jusqu'aux moindres détails se trouve dans la Bible, rien ne fait défaut, et rien ne manque. Même les cas compliqués, selon qu'il est écrit: *si une cause relative à un meurtre, à un différend, à une blessure, te parait trop difficile à juger et fournit matière à contestation dans tes portes, tu te lèveras et tu monteras au lieu que l'Éternel ton Dieu, choisira. Tu iras vers les sacrificateurs, les Lévites, et vers celui qui remplira alors les fonctions de juge; tu les consulteras, et ils te feront connaître la sentence. Tu te conformeras à ce qu'ils te diront dans le lieu que choisira l'Éternel, et tu auras soin d'agir d'après tout ce qu'ils t'enseigneront. Tu te conformeras à la loi qu'ils t'enseigneront et à la sentence qu'ils auront prononcée; tu ne te détourneras de ce qu'ils te diront ni à droite ni à gauche.*

L'homme qui par orgueil, n'écoutera pas le sacrificateur placé là pour servir l'Éternel, ton Dieu, ou qui n'écoutera pas le juge, cet homme sera puni de mort. Tu ôteras ainsi le mal du milieu d'Israël, afin que tout le peuple entende et craigne, et qu'il ne se livre plus à l'orgueil. Deutéronome17 : 8-13.

Cette ordonnance de l'Éternel est digne de confiance. Car un jour, une sœur en la foi vint me voir et me dit: *j'ai été victime d'un cambriolage pendant que j'étais au boulot, je soupçonne mes deux enfants. Lorsqu'ils seront de retour à la maison, ils auront à faire avec moi, s'ils ne ramènent pas mes effets, ils seront traînés au commissariat.*

Je lui répondis calmement: *garde-toi d'agir en insensé.* Voici ce que tu vas faire: *rentre à la maison, rassemble tous ceux qui habitent la même concession que toi, et dis leur: mes choses ont été volées pendant que j'étais absente. Je vais consulter la parole de Dieu, et elle me fera connaître le coupable.*

Elle alla exécuter mes conseils à la lettre. A peine avait-elle fini de parler que le voleur passa à l'aveu. C'était son colocataire et non ses enfants. Avant même de consulter, Dieu avait agi. Elle revint vers moi, me rendre compte de ce que l'Éternel avait fait pour elle.

Les sacrificateurs de l'Éternel consultaient aussi Dieu par l'urim et le thummim (le Oui et le Non parfaits). (Nombres 27 : 21).

Depuis le jour où Dieu avait donné l'ordre aux enfants d'Israël de le consulter par ses serviteurs, les prophètes, les sacrificateurs et les juges; ceux-ci ne faisaient plus aucune chose, petite ou grande; et n'entreprenaient rien sans consulter sa volonté.

Ainsi, après la mort de Josué, les enfants d'Israël consultèrent l'Éternel en disant: *qui de nous montera le premier contre les Cananéens, pour les attaquer?*

L'Éternel répondit: *Juda montera, voici, j'ai livré le pays entre ses mains. Et Juda dit à Siméon, son frère: monte avec moi dans le pays qui m'est échu par le sort, et nous combattrons les Cananéens; j'irai aussi avec toi dans celui qui t'est tombé en partage.* Et Siméon alla avec lui. Juges 1 : 1-3.

Lorsque les Danites étaient à la recherche d'une possession pour s'établir, ils rencontrèrent sur leur chemin un jeune Lévite, et ils lui dirent: *consulte Dieu, afin que nous sachions si notre voyage aura du succès.* Et le prêtre leur répondit: *allez en paix; le voyage que vous faites est sous le regard de l'Éternel.* Juges 18 : 5-6.

Lorsque les hommes pervers de la tribu de Benjamin commirent une infamie contre la femme d'un Lévite, les enfants d'Israël se levèrent, montèrent à Béthel, et consultèrent Dieu, en disant: *qui de nous montrera le premier pour combattre les fils de Benjamin?* L'Éternel répondit: *Juda montera le premier.*

Après leur défaite, les enfants d'Israël montèrent, et pleurèrent devant l'Éternel jusqu'au soir; ils consultèrent l'Éternel, en disant: *dois-je m'avancer encore pour combattre les fils de Benjamin, mon frère?* L'Éternel répondit: *montez, contre lui.*

Après une seconde défaite, les enfants d'Israël consul-tèrent l'Éternel, c'était-là que se trouvait alors l'arche de l'alliance de Dieu, et c'était Phinées, fils d'Eléazar, fils d'Aaron, qui se tenait à cette époque en présence de Dieu, et ils dirent: *dois-je marcher encore pour combattre les fils de Benjamin, mon frère, ou dois-je m'en abstenir?* L'Éternel répondit: *montez, car demain je les livrerai entre vos mains.* Juges 20 : 18, 23, 27-28.

Le secret du roi David se trouvait aussi dans la foi totale envers son Dieu qu'il consultait en toutes circonstances favorables ou non. (1 Samuel 22 : 10; 23 : 1-5, 6-14; 30; 2 Samuel 2 : 1-4; 5 : 17-21, 22-25).

Dieu aime tous ceux qui lui font confiance et il leur accorde toujours la victoire comme à David, parce qu'ils croient et obéissent à sa volonté par la foi. Mais ceux qui ne marchent pas par la foi en sa parole, et qui cherchent à le séduire par les sacrifices sont voués à l'échec et privés de sa gloire. (1 Samuel 15 : 1-29; 28 : 5-7, 16-19; 1 Chroniques 10 : 1, 13-14).

Il en est de même pour ceux qui se livrent à la déso-béissance et à l'infidélité, après avoir conclu un pacte d'obéissance et de fidélité avec l'Éternel. (1 Rois 14 : 1-18; 22 : 1-28; 2 Rois 1 : 1-8; 22 : 12-13).

La consultation de la parole de l'Éternel fut autrefois pour les enfants d'Israël, l'arme la plus redoutable contre Satan et son armée, c'est pourquoi il a agi contre elle, et a réussi à l'anéantir du milieu des enfants de Dieu au profit de ses serviteurs, aussi tout le monde se tourne vers ses prophètes pour les consulter.

Tous les disciples de Jésus-Christ doivent consulter la parole de leur Maître pour se faire éclairer. Car en dehors de lui, il n'y a point de dieux qui fassent des prédictions, qui annoncent l'avenir et ce qui doit arriver. Il anéantit les signes des prophètes de mensonge et proclame insensés les devins. Il fait reculer les sages, et tourne leur science en folie. Il confirme la parole de son serviteur, et accomplit ce que prédisent ses envoyés. (Ésaïe 44 : 7-8, 25-26).

C'est pourquoi si l'on vous dit: *consultez ceux qui évoquent les morts et ceux qui prédisent l'avenir, qui poussent des sifflements et des soupirs, répondez: un peuple ne consultera-t-il pas son Dieu? S'adressera-t-il aux morts en faveur des vivants? A la loi et au témoignage! Si l'on ne parle pas ainsi, il n'y aura point d'aurore pour le peuple. Il sera errant dans le pays, accablé et affamé; et, quand il aura faim, il s'irritera, maudira son roi et son Dieu, et tournera les yeux en haut; puis il regardera vers la terre, et voici, il n'y aura que détresse, obscurité et de sombres angoisses; il sera repoussé dans d'épaisses ténèbres.* Ésaïe 8 : 19-22.

La lumière du peuple de Dieu, c'est Christ. Il est la lumière qui avait été promise. Il était la véritable lumière, qui en venant dans le monde éclaire tout homme. Jean 1 : 9.

Cette lumière est toujours dans le monde sous la forme des Saintes Écritures, et depuis des siècles, elle luit dans les ténèbres, et les ténèbres ne l'ont point reçue. (Jean 1 : 5).

Les enfants de Dieu marchent toujours dans les ténèbres, ayant avec eux la parole de Dieu pour les éclairer, et ils tombent à chaque instant dans les pièges de Satan, par manque de connaissance, parce qu'ils ignorent la consultation de la parole de l'Éternel.

Un jour, j'avais enseigné la consultation de l'Éternel à une sœur qui manifestait beaucoup de zèle pour Dieu. Elle reçut cet enseignement avec joie. C'était pour elle, une grande découverte spirituelle. Elle consulta Dieu dans la Bible en ma présence. Le texte qu'elle avait tiré par le sort, lui prédisait une forte persécution. La veille, elle la vécut pleinement. Le lendemain, je me rendis chez elle pour lui expliquer ses nouvelles consultations. Dès qu'elle m'aperçut, elle me dit furieuse: *tu viens m'enseigner les pratiques occultes et tu me dis que c'est Dieu? Aujourd'hui, j'ai été fortement outragée; vraiment ta façon de marcher avec Dieu là, fait peur. Je préfère marcher avec mon Dieu comme auparavant, que de connaître à l'avance ce qui m'attend.*

Cette sœur avait refusé la lumière pour demeurer dans ses ténèbres. Or, c'est de cette lumière dont le peuple de Dieu a besoin pour éclairer sa route. Parce que Jésus dit: *je suis la lumière du monde; celui, qui me suit ne marchera pas dans les ténèbres, mais il aura la lumière de la vie.* Jean 8 : 12.

A quoi sert donc le nom d'enfant de Dieu si on ignore le véritable rôle du Christ? Ce nom-là ne convient pas à tous, mais seulement à ceux qui l'ont reçu (qui le consulte), à ceux qui croient en son nom, il leur donne alors le pouvoir de devenir de vrais enfants de Dieu, lesquels sont nés, non du sang, ni de la volonté de la chair, ni de la volonté de l'homme, mais de Dieu. (Jean 1 : 12-13).

La parole de Dieu est vivante, celui qui la consulte verra que ses prédictions s'accomplissent avec promptitude dans sa vie. Il fera confiance en elle, et n'ira point consulter les dieux qui ne sont d'aucune utilité. Car la consultation de la parole de Dieu est un boulevard spirituel sûr, qui préserve le disciple de Christ de tout faux pas. Selon qu'il est écrit: *il y aura là un chemin frayé, une route, qu'on appellera la voie sainte; nul impur n'y passera; elle sera pour eux seuls; ceux qui la suivront, même les insensés ne pourront s'égarer. Sur cette route, point de lion; nulle bête féroce ne la prendra, nulle ne s'y rencontrera; les délivrés y marcheront. Les rachetés de l'Éternel retourneront, ils iront à Sion avec chants de triomphe, et une joie éternelle couronnera leur tête; l'allégresse et la joie s'approcheront, la douleur et le gémissement s'enfuiront.* Ésaïe 35 : 8-10.

Je ferai marcher les aveugles sur un chemin qu'ils ne connaissent pas, je les conduirai par des sentiers qu'ils ignorent; je changerai devant eux les ténèbres en lumière, et les endroits tortueux en plaine. Voilà ce que je ferai, et je ne les abandonnerai point. Ils reculeront, ils seront confus, ceux qui se confient aux idoles taillées, ceux qui disent aux idoles de fonte: vous êtes nos dieux. Ésaïe 42 : 16-17.

Je t'instruirai et te montrerai la voie que tu dois suivre; je te conseillerai, j'aurai les regards sur toi. Ne soyez pas comme un cheval ou un mulet sans intelligence; on les bride avec un frein et un mors, dont on les pare, afin qu'ils ne s'approchent point de toi. Psaumes 32 : 8-9.

Les anciens fidèles avaient reconnu l'importance capitale de la consultation, et l'un d'eux déclara: *mon pied s'est attaché à ses pas; j'ai gardé sa voie, et je ne m'en suis point détourné. Je n'ai pas abandonné les commandements de ses lèvres; j'ai fait plier ma volonté aux paroles de sa bouche.* Job 23 : 11-12.

David le bien-aimé de Dieu exprima aussi sa gratitude à l'Éternel, en disant: *oui, tu fais briller ma lumière; l'Éternel, mon Dieu, éclaire mes ténèbres. Avec toi je me précipite sur une troupe en armes, avec mon Dieu, je franchis une muraille. Les voies de Dieu sont parfaites, la parole de l'Éternel est éprouvée; il est un bouclier pour tous ceux qui se confient en lui. Car qui est Dieu, si ce n'est l'Éternel, et qui est un rocher, si ce n'est notre Dieu? C'est Dieu qui me ceint de force, et qui me conduit dans la voie droite.* Psaumes 18 : 29-33.

La loi de l'Éternel est parfaite, elle restaure l'âme; le témoignage de l'Éternel est véritable, il rend sage l'ignorant. Les ordonnances de l'Éternel sont droites, elles réjouissent le cœur. Les commandements de l'Éternel sont purs, ils éclairent les yeux. La crainte de l'Éternel est pure, elle subsiste à toujours; les jugements de l'Éternel sont vrais, ils sont toutes justes, ils sont plus précieux que l'or, que beaucoup d'or fin; ils sont plus doux que le miel, que celui qui coule des rayons. Ton serviteur aussi en reçoit instruction; pour qui les observe la récompense est grande. Psaumes 19 : 8-12.

Voici ce que dit encore le Seigneur à son peuple au sujet de la consultation de sa parole: *prête l'oreille, et écoute les paroles des sages; applique ton cœur à ma science. Car il est bon que tu les gardes au-dedans de toi, et qu'elles soient toutes présentes sur tes lèvres. Afin que ta confiance repose sur l'Éternel, je veux t'instruire aujourd'hui, oui, toi. N'ai-je pas déjà pour toi mis par écrit des conseils et des réflexions, pour t'enseigner des choses sûres, des paroles vraies, afin que tu répondes par des paroles vraies à celui qui t'envoie?* Proverbes 22 : 17-21.

Il y a donc une différence notoire entre la consultation quotidienne de Dieu par le sort dans la Bible et la simple lecture quotidienne de la Bible. Par la consultation, Dieu oriente l'homme dans sa volonté du jour à mettre en pratique, tandis que par la lecture volontaire de la bible, l'homme s'instruit d'une manière générale sur les voies de Dieu, et il faut l'assistance de Dieu pour comprendre même ce qu'il lit.

Après avoir autrefois, à plusieurs reprises et de plusieurs manières, parlé à nos pères par les prophètes, Dieu, dans ces derniers temps, nous a parlé par le Fils, qu'il a établi héritier de toutes choses, par lequel il a aussi créé le monde, et qui, étant le reflet de sa gloire et l'empreinte de sa personne, et soutenant toutes choses par sa parole puissante, a fait la purification des péchés et s'est assis à la droite de la majesté divine dans les lieux très hauts, devenu d'autant supérieur aux anges qu'il a hérité d'un nom plus excellent que le leur. Hébreux 1 : 1-4.

Le Fils par lequel Dieu nous parle est le Christ, sa parole vivante et puissante. Par lui, toutes ses œuvres s'accomplissent avec fidélité. Car il dit, et la chose arrive; il ordonne, et elle existe. (Psaumes 33 : 4-9). Dieu nous parle donc dans les Saintes Écritures, dans notre corps, face à face et en langues.

A- LES SAINTES ÉCRITURES

Les Saintes Écritures sont un moyen de communication viable et crédible entre Dieu et l'homme. *Elles sont composées: de prophéties, de la parole de connaissance, de la parole de sagesse, des commandements, des lois, des ordonnances, et des préceptes etc.* En les lisant assidûment, elles nous instruisent et nous révèlent beaucoup de choses. En les consultant quotidiennement, elles nous conduisent dans la volonté de Dieu à mettre en pratique par la foi.

1- Les prophètes

Les prophètes sont des voyants ou des sentinelles que Dieu établit au milieu de son peuple pour lui servir de messagers, prononcer ses oracles, avertir les hommes de sa part, afin de les détourner de la mauvaise voie, pour oindre ses Élus, intercéder et consulter en faveur du peuple. (Jérémie 1 : 5, 17-19; Ézéchiel 33 : 7-9). (Nombres 27 : 18; 1 Samuel 9 : 16; 10 : 1 ; 16 : 1).

Tous les prophètes agréés de l'Éternel ont prophétisé jusqu'à Jean. Et leurs prophéties sont écrites dans le livre de l'Éternel, il n'y a plus de prophéties nouvelles qui soient indépendantes des Saintes Écritures.

Actuellement, tous ceux qui se disent prophètes ne sont que de portes paroles de Dieu, qui prophétisent sous le couvert et sur les traces des anciens prophètes. Le prophète doit donc attendre que Dieu lui fasse connaître (par la consultation) ce qu'il aura à dire au peuple, que de dire la bonne aventure. Car Dieu ne parle plus aux prophètes comme il parlait avec Moïse et les autres avant l'existence de la Bible. (Nombres 12 : 6-8). Malheur donc aux prophètes qui prophétisent le mensonge au nom de l'Éternel. (Jérémie 28; Ézéchiel 13; Deutéronome 18 : 20-22).

2- La parole de connaissance

La parole de connaissance englobe tout ce qui a été écrit pour notre instruction, elle nous incite à suivre le bon exemple des anciens et à esquiver le mauvais.

3- La parole de sagesse

La parole de sagesse contient des énigmes, des paraboles et des proverbes à desceller et à mettre en pratique après réflexion.

4- Les commandements

Les commandements sont des règles de conduite humaine édictées par Dieu à son enfant pour leur misse en pratique par la foi.

5- Les lois

Les lois sont un ensemble des règles de bienséance imposées par Dieu, que son enfant doit mettre en pratique par la foi.

6- Les ordonnances

Les ordonnances sont des injonctions directes de l'Éternel à exécuter sans tarder et sans contestation.

7- Le précepte

Le précepte est un enseignement, un conseil ou une exhortation de Dieu à mettre en pratique par la foi.

B- NOTRE CORPS

Notre corps est l'habitation de Dieu en esprit où il communique avec notre âme par intuition, par les signes corporels, par les songes, les visions diurnes et nocturnes, et par la douleur.

1- L'intuition

Dieu parle par intuition de façon instantanée dans la conscience de l'homme, lorsqu'il fait ses recherches. Ainsi, il dissipe son ignorance et l'instruit sur ce qui est hors de sa portée. Tandis que Satan parle à l'homme par la pensée. Sachez donc faire la différence entre l'intuition et la pensée humaine. Car la pensée vient de la passion et l'intuition vient de l'inspiration.

Si vous êtes à cours d'idée sur un travail quelconque, demandez l'aide à l'esprit d'intelligence suprême de l'Éternel, et il vous inspirera. Car il est écrit: *si vous demeurez en moi, et que mes paroles demeurent en vous, demandez ce que vous voudrez et cela vous sera accordé.* Jean 15 : 5b, 7.

2- Les signes corporels et autres

Dieu parle de temps en temps à l'homme par de signes internes et externes de son corps, mais c'est leur interprétation qui fait souvent défaut. L'homme peut aussi consulter la volonté de Dieu par des signes. (Genèse 24 : 12-25; Juges 6 : 36-40).

3- Les songes et visions diurnes et nocturnes

Dieu parle par des songes, et visions diurnes et nocturnes, quand les hommes sont livrés à un profond sommeil, quand ils sont endormis sur leur couche. Alors il leur donne des avertissements et met le sceau à ses instructions, afin de détourner l'homme du mal, de le préserver de l'orgueil, de garantir son âme de la fosse et sa vie des coups du glaive. Et l'on n'y prend point garde. (Job 33 : 15-18).

Dieu se montre aussi à ses bien-aimés et se révèle à eux dans les visions et les songes. (Genèse 28 : 10-22; 32 : 24-32; 37 : 5-11; 31 : 11-13; 15 : 1-6).

Par les songes et visions, Dieu guide les pas de ses oints. (Genèse 46 : 2-7; Actes 18 : 9-11; Juges 7 : 9-15; Matthieu 2 : 12; 27 : 19). Leur dévoile l'avenir et ses desseins. (Genèse 12 : 1-9; 41 : 1-13).

Dieu montre aussi le malheur dans les songes et visions. (Juges 7 : 13-14; Job 7 : 13-14; Apocalypse 9 : 17-18; Ésaïe 21 : 2-4; Daniel 4 : 5).

Dieu accomplit tôt au tard tout ce qu'il montre aux hommes dans les songes et visions. (Ézéchiel 12 : 21-28).

Cependant, il ne faut pas confondre les songes et visions aux cauchemars. L'homme peut consulter aussi l'Éternel par des songes et visions, mais les fidèles obtiennent plus facilement de réponse que les infidèles. (Nombres 23; Daniel 2 : 19; 9 : 21-25; 1 Samuel 28 : 6).

Les songes et visions sont un moyen de contact spirituel sans intermédiaire entre Dieu et l'homme en général, et du croyant en particulier. (Joël 2 : 28-29; Hébreux 8 : 11). Un enfant de Dieu n'aura point recours à la sortie astrale comme le disciple de Satan pour aller à la rencontre de son Seigneur. Car notre Dieu est omnipotent, omniprésent et omniscient.

Ne négligez plus vos songes et vos visions. Dans le cas où vous ne les comprenez pas, approchez-vous des frères prophètes et vous serez servis. Car Dieu leur accorde l'esprit d'intelligence pour expliquer les énigmes. (Daniel 1 : 17; 2 Chroniques 26 : 5).

Lorsqu'un enfant de Dieu veut consulter son Père par des songes et visions, il doit jeûner et exprimer son intention de prière à Dieu dans son cœur et non à voix haute. Car Satan et ses démons veillent toujours auprès des hommes, afin de les manipuler et ils peuvent donc devancer Dieu, et venir vers vous pendant le sommeil pour vous désorienter. (Ecclésiaste 5 : 1-2, 6; Jérémie 29 : 8; 2 Corinthiens 11 : 13-15).

Mais quand l'Esprit de Dieu vient parler à l'homme, il se réveille brusquement après chaque songe ou vision, afin qu'il lui soit permis de relever l'heure et le contenu de ce qu'il a vécu, car ces choses se reproduisent pour la plupart au cours de la journée. Les songes et visions qui surviennent entre trois et six heures du matin se réalisent pour la plupart avant midi ou très tard dans la soirée.

A chaque songe ou vision correspond une consultation qu'on tirera par le sort dans la Bible. C'est par la consultation de sa parole, que Dieu explique la teneur des songes et visions, et c'est à partir de leur accomplissement qu'on acquiert l'expérience et l'intelligence pour les interpréter.

Dans les songes et visions, Dieu vient montrer à son enfant, le film des événements présents et à venir, et le prévient aussi des pièges de Satan. Soyez donc éveillés d'esprit, car les songes et les visions nocturnes sont la colonne de feu qui éclaire nos ténèbres pendant le sommeil.

4- La douleur

Par la douleur aussi, l'homme est repris sur sa couche, quand une lutte continue vient agiter ses os. Alors il prend en dégoût le pain, même les aliments les plus exquis; sa chair se consume et disparaît, ses os qu'on ne voyait pas sont mis à nu; son âme s'approche de la fosse, et sa vie des messagers de la mort.

Mais s'il se trouve pour lui un ange intercesseur, un d'entre les mille qui annonce à l'homme la voie qu'il doit suivre, Dieu a compassion de lui et dit à l'ange: délivre-le, afin qu'il ne descende pas dans la fosse; j'ai trouvé une rançon! Et sa chair a plus de fraîcheur qu'au premier âge, il revient aux jours de sa jeunesse. Il adresse à Dieu sa prière, et Dieu lui est propice, lui laisse voir sa face avec joie, et lui rend son innocence. Il chante devant les hommes et di: *j'ai péché, j'ai violé la justice, et je n'ai pas été puni comme je le méritais, Dieu a délivré mon âme pour qu'elle n'entrât pas dans la fosse, et ma vie s'épanouit à la lumière!* Voilà tout ce que Dieu fait, deux fois, trois fois avec l'homme, pour ramener son âme de la fosse, pour l'éclairer de la lumière des vivants. Job 33 : 19-30.

Lorsque vous êtes atteints d'une maladie quelconque, quelle que soit sa gravité, n'allez pas consulter les dieux étrangers. Recherchez vos voies et sondez-les, puis retournez à l'Éternel, en élevant vos cœurs et vos mains vers lui et dites humblement, au besoin, renouvelez votre alliance avec lui par le jeûne de pâque, et dites-lui: *nous avons péché, nous avons été rebelles! Tu n'as point pardonné! Tu t'es caché dans ta colère, et tu nous as poursuivis; tu as tué sans miséricorde; tu t'es enveloppé d'un nuage, pour fermer accès à la prière. Tu nous as rendu un objet de mépris et de dédain au milieu des peuples. Ils ouvrent la bouche contre nous, tous ceux qui sont nos ennemis. Notre partage a été la terreur et la fosse, le ravage et la ruine.*

Si votre repentance et votre prière viennent du fond du cœur, alors Dieu vous fera miséricorde et aura compassion de vous. Car Dieu a fait de même avec le roi Ézéchias. (Ésaïe 38 : 1-22).

C- FACE A FACE

Dieu prend parfois la forme humaine pour s'entrenir face à face avec les humains. Luc 24 : 13-35.

D- LES LANGUES

Dieu parle aussi à son peuple par des langues des hommes étrangers, selon qu'il est écrit: ***c'est par des hommes d'une autre langue et par des lèvres d'étrangers que je parlerai à ce peuple, et ils ne m'écouteront pas même ainsi, dit le Seigneur.*** 1Corinthiens 14 : 21. Les langues dont le Seigneur fait allusion ici sont les langues des hommes de ce monde, et non des langues qui ne peuvent être interprétées. (Actes 2 : 1-7).

Quand Dieu envoie son ange en mission auprès de l'homme, il lui donne la capacité de parler la langue de ce dernier.

Lorsque Dieu s'adresse à son peuple dans une langue étrangère au travers d'un individu, il prend aussi le soin de faire venir parmi eux un homme de cette langue pour servir d'interprète. (Actes 2 : 8-11).

Ne forcez pas le parler en langues. Il vient de l'Esprit-saint, et non de l'intelligence de l'homme (Actes 2 : 4). Et il ne se conserve pas.

LA CHRISTOMANCIE

La christomancie est une science divinatoire qui révèle la volonté cachée de Dieu contenue dans les Saintes Écritures que tout homme et femme doit mettre quotidiennement en pratique au travers de la consultation par le sort de la Bible.

Parmi toutes les formes de communication, la consultation des Saintes Écritures demeure un moyen par excellence que Dieu a établi entre lui et les hommes. Car le monde étant, un vaste labyrinthe, il est difficile à l'homme de s'en sortir tout seul, c'est pourquoi Dieu a ordonné à tous les hommes de consulter son livre pour éclairer leur chemin. (Ésaïe 34 : 16-17).

Or consulter Dieu dans la Bible, c'est lui demander conseil, son avis ou sa volonté sur ce qu'il veut qu'on fasse, pour lui, pour nous et pour les autres. Car c'est l'Éternel qui dirige les pas d'un homme, l'homme ne peut ni comprendre ni connaître sa voie, car elle n'est pas en son pouvoir.

La parole de Dieu nous renseigne aussi sur Dieu, sur nous-mêmes et sur les autres. Elle nous dévoile le passé, le présent et le futur, c'est encore pour nous un grand livre d'histoire de l'humanité.

Par la consultation de sa parole, Dieu aide l'homme à mieux garder par la foi ses commandements, à observer ses lois et à mettre en pratique ses ordonnances et ses préceptes; lui indique quotidiennement ce qu'il doit faire avec précision.

Car le Seigneur maîtrise parfaitement nos voies, nos pensées, nos faiblesses, nos penchants, et tous les pièges que le malin met sur notre route pour nous faire tomber.

Celui qui consulte la volonté de Dieu, marche par l'Esprit et adore Dieu en Esprit et en vérité, lorsqu'il croît et obéit à ce que Dieu lui dit. *Avant que la foi vînt, nous étions enfermés sous la garde de la loi, en vue de la foi qui devait être révélée. Ainsi la loi a été comme un pédagogue pour nous conduire à Christ, afin que nous fussions justifiés par la foi. La foi étant venue, nous ne sommes plus sous ce pédagogue.* Galates 3 : 23-25.

Maintenant, nous avons été dégagés de la loi, étant morts à cette loi sous laquelle nous étions retenus, de sorte que nous servons (Dieu) dans un esprit nouveau, et non selon la lettre qui a vieilli. Romains 7 : 6.

Servir Dieu dans un esprit nouveau, c'est consulter sa parole écrite, et la mettre en pratique par la foi. Voici comment le croyant doit procéder pour consulter la volonté de Dieu dans son livre. Il adressera donc cette prière à Dieu: *Seigneur Jésus-Christ! Toi qui es la lumière des hommes, je te prie d'éclairer mes ténèbres par tes précieux conseils, et indique-moi quelle est ta volonté en ce jour. Accorde-moi le discernement, le vouloir et le faire et la victoire par ton nom. Amen!*

Il prendra sa Bible universelle, surtout celle qui a des références comme la version Louis second (Édition revue avec références), c'est par elle que le Seigneur m'avait appris la consultation de sa parole dans une vision nocturne. Il la tiendra avec une main de manière ferme; dans l'autre main il aura un poinçon. Alors il fermera ses yeux, et lèvera la main du poinçon, puis la fera descendre sur la Bible dans l'aveuglette et ouvrira par hasard à l'endroit où le poinçon butera; il utilisera le même poinçon pour choisir toujours les yeux fermés, par le sort un passage de l'Écriture et le maintiendra pointé sur le verset, puis il ouvrira ses yeux. Il retiendra le verset, ensuite il lira attentivement, soit le chapitre soit le paragraphe qui contient ce verset, afin de prendre connaissance de la volonté de Dieu à lui révélée.

Après l'étude du texte, il se mettra à la place de celui qui joue le rôle principal dans ce passage de l'Écriture, du côté positif. Si dans ce texte, il y a un commandement, ou une loi, ou une ordonnance ou un précepte, il l'exécutera au cours de la journée ou dans la suite des temps; lorsque l'occasion se présentera. C'est cela marché par la foi en la parole de Dieu. L'Esprit-Saint l'aidera à comprendre les Saintes Écritures. S'il éprouve des difficultés à comprendre ce Dieu veut lui dire, il pourra recourir à la christomancie (le guide pratique de la volonté de Dieu au quotidien) pour se faire aider.

Dieu parle parfois par un seul verset pour répondre à une préoccupation. Dès lors que vous savez ce que Dieu veut que vous fassiez, vous devez méditer sa volonté minute après minute, heure après heure, ou jour après jour (si elle tarde à venir) jusqu'à ce que le moment vienne ou vous aurez à la mettre en pratique, quand Dieu manifestera ses arrêts. Car la parole de Dieu est éprouvée et elle ne rentre jamais sans avoir accompli la volonté de Dieu. C'est pourquoi, prenez vos consultations très au sérieux. Par elles, le croyant doit apprendre à faire la volonté de Dieu sur la terre comme elle se fait déjà au ciel par les saints anges.

Si le Seigneur voit qu'il tremble devant sa parole pour l'exécuter, il lui accordera le plein discernement et le conduit chaque fois à la victoire contre le péché. Mais si le Seigneur constate qu'il ne fait aucun cas de ses paroles, il le laisse suivre les penchants de son cœur et il tombe sous le jugement à cause du mépris qu'il affiche à son égard. Dieu prépare ainsi son peuple à l'obéissance à sa parole dans l'attente du jour de son règne, car il n'y aura point de rebelles parmi ses élus.

Celui qui croit en lui n'est point jugé; mais celui qui ne croit pas est déjà jugé, parce qu'il n'a pas cru au nom du Fils unique de Dieu. Et ce jugement c'est que, la lumière étant venue dans le monde, les hommes ont préféré les ténèbres à la lumière, parce que leurs œuvres étaient mauvaises. Car quiconque fait le mal hait la lumière, et ne vient point à la lumière, de peur que ses œuvres ne soient dévoilées; mais celui qui agit selon la vérité vient à la lumière, afin que ses œuvres soient manifestées, parce qu'elles sont faites en Dieu. Jean 3 : 18-21.

La consultation de la parole de Dieu à la même valeur que la colonne de nuée qui guidait les Israélites pendant le jour. Par elle, Dieu conduit chacun de ses enfants dans la voie qu'il doit suivre, lui révèle l'avenir, fait des promesses, fait connaître son don spirituel, l'enseigne, l'exhorte, le conseille, l'instruit, le reprend, l'approuve, le censure, le nomme, lui inflige des châtiments, le juge, met à nu tous les mauvais desseins de l'ennemi contre lui, l'utilise comme prophète auprès de son peuple, le renseigne sur les autres et sur son entourage, etc.

La consultation vise surtout la conscience et la pensée de l'homme. Car tous les actes qu'il pose en bien ou en mal passent obligatoirement par là. C'est pourquoi Dieu se sert de sa parole pour censurer à l'avance toute pensée mauvaise venant de son cœur. (Jérémie 17 : 9-10).

Ne négligez pas de consulter Dieu par sa parole! Faites comme les chrétiens de Bérée. Car ces juifs avaient des sentiments plus nobles que ceux de Thessalonique; ils reçurent la parole avec beaucoup d'empressement, et ils examinaient chaque jour les Écritures, pour voir si ce qu'on leur disait était exact. Actes 17 : 11.

Lorsque vous consulterez la parole de Dieu pour vous faire éclairer, passez aussi tout votre temps à éprouver cette parole, pour voir si elle est vraiment digne de confiance. Notez donc les références de vos consultations par ordre d'arrivée et vérifiez de jour en jour leur accomplissement, et vous verrez la puissance de la parole de Dieu. Car la parole de Dieu est vivante et efficace, plus tranchante qu'une épée quelconque à deux tranchants, pénétrante jusqu'à partager âme et esprit, jointures et moelles; elle juge les sentiments et les pensées du cœur. Nulle créature n'est cachée devant lui, mais tout est à nu et à découvert aux yeux de celui à qui nous devons rendre compte. Hébreux 4 : 12-13.

Mais sachez que la volonté de Dieu peut parfois se passer de façon inaperçue à nos yeux. Dieu, dans une certaine mesure peut la retarder de quelque temps. C'est pour cela qu'il vous faudra revisiter vos consultations passées qui n'ont pas encore eu leur accomplissement; et faire le bilan systématique de votre journée au moment du coucher en ramenant dans votre souvenir, votre vécu quotidien (vos rencontres, vos entretiens, vos actes, vos pensées, vos lectures, vos écoutes et visualisations, etc.), et confrontez-le avec la volonté de Dieu du jour présent ou du passé. Ceci vous permettra de corriger vos manquements, et d'expérimenter la véracité des Saintes Écritures. Car c'est par la consultation de sa parole que Dieu se laisse trouver, et étale sa grande puissance aux yeux du croyant par les prodiges, les miracles et les merveilles qu'il opère. Et l'accomplissement de la parole de Dieu dans la vie du croyant le force à respecter, à aimer, à obéir et à craindre Dieu.

Maintenant que vous savez comment consulter l'Éternel, ne marchez plus selon la chair, mais par la foi. Car ainsi parle l'Éternel: *écoutez ma voix, et je serai votre Dieu, et vous serez mon peuple; marchez dans toutes les voies que je vous prescris, afin que vous soyez heureux.* Jérémie 7 : 23.

Je n'ai point parlé en cachette, dans un lieu ténébreux de la terre; je n'ai point dit à la postérité de Jacob: cherchez-moi vainement! Moi, l'Éternel, je dis ce qui est vrai, je proclame ce qui est droit. Ésaïe 45 : 19.

Écoutez et prêtez l'oreille! Ne soyez point orgueilleux! Car l'Éternel parle. Rendez gloire à l'Éternel, votre Dieu, avant qu'il fasse venir les ténèbres, avant que vos pieds heurtent contre les montagnes de la nuit; vous attendrez la lumière, et il la changera en ombre de la mort, il la réduira en obscurité profonde, si vous n'écoutez pas, je pleurerai en secret, à cause de votre orgueil, mes yeux fondront en larmes, parce que le troupeau de l'Éternel sera emmené captif. Jérémie 13 : 15-17.

Si donc vous faites alliance avec l'Éternel et que vous refusez de consultez quotidiennement sa parole pour qu'elle guide vos pas, et si vous continuez de consultez les dieux étrangers et de vous confier à eux, la main de l'Éternel sera contre vous, selon qu'il est écrit: *j'étendrai ma main sur Juda, et sur tous les habitants de Jérusalem; j'exterminerai de ce lieu les restes de Baal; le nom de ses ministres et les prêtres avec eux, ceux qui se prosternent sur les toits devant l'armée des cieux, ceux qui se prosternent en jurant par l'Éternel et en jurant par leur roi, ceux qui se sont détournés de l'Éternel, et ceux qui ne cherchent pas l'Éternel, qui ne le consultent pas.* Sophonie 1 : 4-6. Que celui qui a des oreilles entende!

CHAPITRE 9

LA TRAVERSÉE DU DÉSERT

Le désert du croyant est le trajet qui part du pays d'Égypte pour la terre promise. C'est un passage à vide qui s'effectue sur le chemin de la souffrance. Ce parcours est plein d'embûches. Pour le traverser victorieusement, il faut se remettre en cause et marcher par la foi en Christ en toutes choses. Car en sortant du monde, chaque nouveau converti traîne avec lui de l'orgueil et de mauvaises habitudes qu'il lui faut abandonner de force ou de gré pour atteindre la terre promise.

Le désert sert donc à transformer les mentalités et constitue une école de sagesse et d'obéissance pour le disciple de Christ. Tous ceux qui rempliront, toutes les formalités de l'Éternel pour devenir son peuple par alliance, et qui tenteront de se montrer rebelles envers leur Dieu en cours de route seront punis de mort. Car les enfants d'Israël qui furent les premiers à inaugurer cette route servent d'exemple aux autres générations d'enfants de Dieu. (Hébreux 3 : 16-19).

Le désert est encore une formation militaire et de combattant pour le nouveau converti. Car lorsqu'un homme sort du monde pour suivre Jésus-Christ, le Seigneur ne se laisse pas tout de suite persuader par son enthousiasme, en réalisant pour lui toutes les bonnes promesses qui accompagnent la conclusion de la sainte alliance. Il ne prend même pas le raccourci avec lui pour le mettre précipitamment en possession de la terre promise; mais il lui fait d'abord passer par le creuset pour l'épurer et l'éprouver de toutes les manières possibles (Psaumes 66 : 10-12); afin de savoir quelles sont les dispositions de son cœur, et s'il garderait ou non ses commandements. (Jérémie 17 : 10).

Le Seigneur l'humiliera aussi, lui fera souffrir de la faim et le nourrira de la manne (le contentement) qu'il ne connaissait pas et que n'avaient pas connue ses pères, afin de l'apprendre que l'homme ne vit pas de pain seulement, mais que l'homme vit de tout ce qui sort de la bouche de l'Éternel. Son vêtement ne s'usera point sur lui et son pied ne s'enflera point, pendant ses années du désert.

Quand vous verrez ces choses s'accomplir sur vous, reconnaissez en votre cœur que l'Éternel, votre Dieu, vous châtie comme un homme châtie son enfant.

Vous observerez les commandements de l'Éternel, votre Dieu, pour marcher dans ses voies et pour le craindre. Car l'Éternel, votre Dieu, vous fera entrer dans un pays de délices. (Deutéronome 8 : 3-7).

Mais si vous résistez aux directives que Dieu vous fera connaître par la consultation de sa parole, son ardente colère fondra sur vous, selon qu'il est écrit: *comme on rassemble l'argent, l'airain, le fer, le plomb et l'étain, dans le creuset, et qu'on souffle le feu pour les fondre, ainsi je vous rassemblerai dans ma colère et dans ma fureur, et je vous mettrai au creuset pour vous fondre. Je vous rassemblerai et je soufflerai contre vous avec le feu de ma fureur; et vous serez fondus au milieu de Jérusalem. Comme l'argent fond dans le creuset, ainsi vous serez fondus au milieu d'elle. Et vous saurez que moi, l'Éternel, j'ai répandu ma fureur sur vous.* Ézéchiel 22 : 20-22.

Le plus souvent, Dieu éloigne le nouveau converti des siens et l'éprouve en captivité, afin qu'il apprenne à ne compter que sur le seul secours de Dieu en toute circonstance. Quand donc vous serez exposés à la détresse, à la famine, à la soif, à la nudité etc.

Lorsque votre sécurité sera menacée et quand vous serez dans l'adversité; gardez-vous de vous confier en l'homme pour être secouru, mais en toutes choses faites connaître vos besoins à Dieu par la prière et vous serez pourvus.

L'Éternel vous fera marcher de lieu en lieu, d'habitation en habitation au milieu des mondains plus forts et plus puissants que vous, afin de vous confronter à eux et de vous apprendre à combattre et à soutenir courageusement les guerres de l'Éternel. Ne vous liez point en mariage avec eux, ni vous, ni vos fils, ni vos filles. Ne vous intéressez pas à leurs dieux, ni même prononcez leurs noms. Ne les craignez point et ne vous effrayez point devant eux, confiez-vous de tout votre cœur à l'Éternel et écoutez sa voix dans tout ce qu'il vous dira dans son livre et vous serez assurés de son soutien, il ne permettra pas que vous soyez opprimés par vos adversaires. Car il est écrit: *lorsque tu iras à la guerre contre tes ennemis, et que tu verras des chevaux et des chars, et un peuple plus*

nombreux que toi, tu ne les craindras point; car l'Éternel, ton Dieu, qui t'a fait monter du pays d'Égypte, est avec toi. Deutéronome 20 : 1.

Vous rencontrerez sur votre chemin des fanatiques de Jésus, qui s'autoproclament enfants de Dieu, mais qui refusent de souffrir pour son nom. Ne coopérez point avec eux, ce serait pour vous un piège. Mais exposez-leur l'Évangile de Christ selon la voie que vous avez vous-mêmes suivi, s'ils ne vous écoutent pas, éloignez-vous d'eux, de peur que l'Éternel ne vous punisse; car ils ne servent pas le même Dieu que vous.

Vous serez en spectacle aux yeux des peuples, persécutés, méprisés, outragés, calomniés, rejetés par tous, même par vos proches parents et vos amis. C'est l'Éternel qui vous éprouve dans la fournaise de l'adversité. (Ésaïe 48 : 10).

Le diable aussi vous environnera par toutes sortes de séductions du péché, vous tentera, vous découragera et sèmera le doute dans votre cœur, afin d'entamer votre foi. Soyez sobre, veillez. Votre adversaire, le diable rôde comme un lion rugissant, cherchant qui il dévorera. Résistez-lui avec une foi ferme, sachant que les mêmes souffrances sont imposées à vos frères dans le monde. Le Dieu de toute grâce, qui vous a appelés en Jésus-Christ à sa gloire éternelle, après que vous aurez souffert un peu de temps, vous perfectionnera lui-même, vous affermira, vous fortifiera, vous rendra inébranlables. 1 Pierre 5 : 8-10.

L'Éternel vous apprendra aussi à être patient, compatissant et humble; à supporter les autres avec amour, à regarder les autres comme étant au-dessus de vous-mêmes; à être serviable; à partager votre subsistance avec les indigents; à pratiquer toutes sortes de bonnes œuvres; à honorer Dieu avec vos biens. Bref, il vous inculquera une éducation propre aux enfants de Dieu et vous serez formés suivant le don et fonction que vous exercerez dans la terre promise.

Si vous êtes appelés à gouverner, vous suivrez la même formation que le roi David; si vous êtes appelés à servir dans le sanctuaire, vous serez formés comme Aaron et les Lévites; si vous êtes appelés à être prophète, Dieu vous fera subir les mêmes épreuves que Moïse, Jérémie, etc., afin que vous soyez à la hauteur de votre future tâche. Car tous les enfants de Dieu ne sont ni éprouvés ni formés de la même façon.

Cependant, la durée du désert dépend de la vitesse d'obéissance de chacun vis-à-vis de son Dieu. Si le croyant est conscient qu'il est dans les liens de l'alliance (Ézéchiel 20 : 37), et se soumet entièrement à la volonté de Dieu comme un petit enfant, alors son désert sera abrégé. Mais s'il passe tout son temps à se révolter, à contester et à mépriser la parole de l'Éternel, non seulement son désert sera interminable, mais il risque encore la mort comme les Israélites rebelles, qui tentèrent Dieu dans le désert par les murmures, la convoitise, la conduite idolâtre, la débauche, le mépris de ses serviteurs, l'insoumission à sa volonté et aux épreuves qu'il leur infligeait. Aucun d'eux ne fit son entrée dans la terre promise.

Mais si l'Éternel conserve la vie à celui-ci, malgré ses infidélités, il sera profondément humilié, jusqu'à ce qu'il reconnaisse en son cœur que c'est l'Éternel qui est le Dieu suprême et redoutable. Car il est écrit: *l'homme te célèbre même dans sa fureur, quand tu te revêts de tout ton courroux*. Psaumes 76 : 11.

Après votre brisement, l'Éternel vous mettra enfin en possession du pays des délices. L'ouverture des écluses des cieux par le Seigneur Jésus-Christ à son disciple qui a bravé toutes les épreuves de la foi est un signe avant-coureur de la vie éternelle. Mais avant sa mort, il doit mettre au profit du corps de Christ, son expérience avec Dieu et le don spirituel qu'il a reçu pour l'édification des nouveaux venus.

CHAPITRE 10

LA TERRE PROMISE

La terre promise pour un disciple de Christ est l'entrée dans la vie abondante et dans le repos.

a-) L'entrée dans la vie abondante

L'entrée dans la vie abondante est la possession des bénédictions que l'Éternel mettra à votre disposition (la prospérité). Selon qu'il est écrit: *l'Éternel, ton Dieu, va te faire entrer dans un bon pays, pays des cours d'eaux, de sources et de lacs, qui jaillissent dans les vallées et dans les montagnes; pays de fro-ment, d'orge, de vignes, de figuiers et de grenadiers; pays d'oliviers et de miel; pays où tu mangeras du pain avec abondance, où tu ne manqueras de rien; pays dont les pierres sont du fer et des montages duquel tu tailleras l'airain. Lorsque tu mangeras et te rassasieras, tu béniras l'Éternel, ton Dieu, pour le bon pays qu'il t'a donné.*

Garde-toi d'oublier l'Éternel, ton Dieu, au point de ne pas observer ses commandements, ses ordonnances, ses lois, que je te prescris aujourd'hui. Lorsque tu mangeras et te rassasieras, lorsque tu bâtiras et habiteras de belles maisons, lorsque tu verras multiplier ton gros et ton menu bétail, s'augmenter ton argent et ton or, et s'accroître tout ce qui est à toi, prends garde que ton cœur ne s'enfle, et que tu n'oublies l'Éternel, ton Dieu, qui t'a fait sortir du pays d'Égypte, de la maison de servitude, qui t'a fait marcher dans ce grand et affreux désert, où il y a des serpents brûlants et des scorpions, dans les lieux arides et sans eau, et qui a fait jaillir pour toi de l'eau du rocher le plus dur, qui t'a fait manger dans le désert la manne inconnue à tes pères, afin de l'humilier et de t'éprouver, pour te faire ensuite du bien.

Garde-toi de dire en ton cœur: ma force et la puissance de ma main m'ont acquis ces richesses. Souviens-toi de l'Éternel, ton Dieu, car c'est lui qui te donnera la force pour les acquérir, afin de con-firmer, comme il le fait aujourd'hui, son alliance qu'il a jurée à tes pères. Si tu oublies l'Éternel, ton Dieu, et que tu ailles après d'autres dieux, si tu les sers et te prosternes devant eux, je vous déclare formellement aujourd'hui que vous périrez. Vous périrez comme les nations que l'Éternel fait périr devant vous, parce que vous n'aurez point écouté la voix de l'Éternel, votre Dieu. Deutéronome 8 : 7-20.

Mettez dans votre cœur et dans votre âme ces paroles que je vous dis, vous les lierez comme un signe sur vos mains, et elles seront comme des fronteaux entre vos yeux. Vous les enseignerez à vos enfants, et vous leur en parlerez quand tu seras dans ta maison, quand tu iras en voyage, quand tu te coucheras et quand tu te lèveras. Tu les écriras sur les poteaux de ta maison et sur tes portes. Et alors vos jours et les jours de vos enfants, dans le pays que l'Éternel a juré à vos pères de leur donner, seront aussi nombreux que les jours des cieux le seront au-dessus de la terre.

Car si vous observez tous ces commandements que je vous prescris, et si vous les mettez en pratique, pour aimer l'Éternel, votre Dieu, pour marcher dans toutes ses voies et pour vous attacher à lui, l'Éternel chassera devant vous toutes ces nations, et vous vous rendrez maîtres des nations plus grandes et plus puissantes que vous. Tout lieu que foulera la plante de votre pied sera à vous. Nul ne tiendra contre vous, l'Éternel, votre Dieu, répandra, comme il vous l'a dit, la frayeur et la crainte de toi sur tout le pays où vous marcherez. Deutéronome 11 : 18-25.

Lorsque l'Éternel, ton Dieu, les chassera devant toi, ne dis pas en ton cœur: *c'est à cause de ma justice que l'Éternel me fait entrer en possession de ce pays. Car c'est à cause de la méchanceté de ces nations que l'Éternel les chasse devant toi. Non, ce n'est point à cause de ta justice et de la droiture de ton cœur que tu entres en possession de leur pays; mais c'est à cause de la méchanceté de ces nations que l'Éternel, ton Dieu, les chasse devant toi, et c'est pour confirmer la parole que l'Éternel a jurée à tes pères, à Abraham, à Isaac et à Jacob.*

Sache donc que ce n'est point à cause de ta justice que l'Éternel ton Dieu, te donne ce bon pays pour que tu le possèdes; car tu es un peuple au cou roide. Souviens-toi, n'oublie pas de quelle manière tu as excité la colère de l'Éternel, ton Dieu, dans le désert, depuis le jour où tu es sorti du pays d'Égypte jusqu'à votre arrivée dans ce lieu, vous avez été rebelles contre l'Éternel. Deutéronome 9 : 4-7.

b-) L'entrée dans le repos de Christ

L'entrée dans le repos de Christ intervient après la mort physique du croyant; son âme monte dans le séjour de la vie en Christ et se repose en attendant que le règne de Satan et de ses adeptes prenne fin par l'avènement de Jésus. (Apocalypse 18).

En ce temps-là, le Roi des rois et le Seigneur des seigneurs prendra possession de son règne dans le royaume des cieux et sur la terre. Il frappera les nations par sa parole, les paîtra avec une verge de fer; et foulera la cuve du vin de l'ardente colère du Dieu tout-puissant. Il fera rassembler tous les oiseaux du ciel pour le grand festin de Dieu, afin de manger la chair des rois, la chair des chefs militaires, la chair des puissants, la chair des chevaux et de ceux qui les montent, la chair de tous; libres et esclaves, petits et grands.

La bête et les rois de la terre, et leurs armées se rassembleront pour faire la guerre à Jésus-Christ et à son armée. La bête sera prise, et avec elle le faux prophète, qui faisait devant elle les prodiges par lesquels il avait séduit ceux qui avaient pris la marque de la bête et adoré son image. Ils seront tous les deux jetés vivants dans l'étant ardent de feu et de souffre. Et les autres seront tués par l'épée qui sortira de la bouche du Christ, et tous les oiseaux se rassasieront de leur chair. (Apocalypse 19 : 17-21).

Puis descendra du ciel un ange qui aura la clef de l'abîme et une grande chaîne dans sa main. Il saisira le dragon, le serpent ancien, qui est le diable et Satan, et il le liera pour mille ans. Il le jettera dans l'abîme, fermera et scellera l'entrée au-dessus de lui, afin qu'il ne séduise plus les nations, jusqu'à ce que les mille ans soient accomplis.

Les trônes seront installés pour les élus de Christ; et à ceux qui s'y assiéront seront donnés le pouvoir de juger. Et les âmes de ceux qui avaient été décapités à cause du témoignage de Jésus et à cause de la parole de Dieu, et de ceux qui n'avaient pas adoré la bête ni son image, et qui n'avaient pas reçu la marque sur leur front et sur leur main, reviendront à la vie, et régneront avec Christ pendant mille ans.

Les autres morts ne reviendront point à la vie jusqu'à ce que les milles ans soient accomplis. C'est la première résurrection. Heureux et saints ceux qui ont part à la première résurrection! La seconde mort n'a point de pouvoir sur eux; mais ils seront sacrificateurs de Dieu et de Christ, et ils régneront avec lui pendant milles ans.

Quand les mille ans seront accomplis, Satan sera relâché de sa prison, et sortira pour séduire les nations qui seront aux quatre coins de la terre, afin de les rassembler pour la guerre; leur nombre est comme le sable de la mer. Ils monteront sur la surface de la terre, et investiront le camp des saints et la ville bien-aimée. Mais un feu descendra du ciel et les dévorera. Et le diable, qui les séduira, sera jeté dans l'étang de feu et de souffre, où seront la bête et le faux prophète. Et ils seront tourmentés jour et nuit, aux siècles des siècles.

Puis Dieu s'assiéra sur son trône pour le dernier jugement. La terre et le ciel (d'alors) s'enfuiront devant sa face, et il ne sera plus trouvé de place pour eux. Et les morts, les grands et les petits, se tiendront devant le trône. Des livres seront ouverts, ainsi que le livre de vie. Et les morts seront jugés d'après ce qui sera écrit dans ces livres. La mer rendra les morts qui seront en elle, la mort et le séjour des morts rendront ceux qui seront en eux, et chacun sera jugé selon ses œuvres. Et la mort et le séjour des morts seront jetés dans l'étang de feu. Quiconque ne sera pas trouvé écrit dans le livre de vie sera jeté dans l'étang de feu. (Apocalypse 20).

La ville sainte, la nouvelle Jérusalem, qui a été préparée comme une épouse qui s'est parée pour son époux, descendra du ciel d'auprès de Dieu. Dieu habitera avec les hommes, ils seront son peuple, et Dieu lui-même sera avec eux. La mort ne sera plus, et il n'y aura plus ni deuil, ni cri, ni douleur, car les premières choses auront disparu.

Cette ville aura la gloire de Dieu. Son éclat sera semblable à celui d'une pierre très précieuse, d'une pierre de jaspe transparente comme du cristal. Elle aura une grande et haute muraille, douze portes, et sur les portes, douze anges, et des noms écrits, ceux des douze tribus des fils d'Israël: *à l'orient trois portes, au nord trois portes, au midi trois portes, et à l'occident trois portes.* La muraille de la ville aura douze fondements, et sur eux les douze noms des douze apôtres de l'Agneau. La ville aura la forme d'un carré. Sa muraille sera construite en jaspe, et la ville sera d'or pur, semblable à du verre pur.

Les fondements de la muraille seront ornés de pierres précieuses de toute espèce: le premier fondement sera de jaspe, le second de saphir, le troisième de calcédoine, le quatrième d'émeraude, le cinquième de sardonyx, le sixième de sardoine, le septième de chrysolithe, le huitième de béryl, le neuvième de topaze, le dixième de chrysoprase, le onzième d'hyacinthe, le douzième d'améthyste.

Les douze portes seront douze perles; chaque porte sera d'une seule perle. La place de la ville sera d'or pur, comme du verre transparent. Il n'y aura point de temple dans la ville; car le Seigneur Dieu Tout-puissant sera son temple, ainsi que l'Agneau. La ville n'aura besoin ni du soleil ni de la lune pour l'éclairer; car la gloire de Dieu l'éclairera, et l'Agneau sera son flambeau. Les nations marcheront à sa lumière, et les rois de la terre y apporteront leur gloire.

Ses portes ne se fermeront point le jour, car là il n'y aura point de nuit. On y apportera la gloire et l'honneur des nations. Il n'entrera chez elle rien de souillé, ni personne qui se livre à l'abomination et au mensonge; il n'entrera que ceux qui sont écrits dans le livre de vie de l'Agneau. (Apocalypse 21 : 1-5; 9-27).

Un fleuve d'eau de la vie, limpide comme du cristal, sortira du trône de Dieu et de l'Agneau. Au milieu de la place de la ville et sur les deux bords du fleuve, il y aura un arbre de vie, produisant douze fois des fruits, rendant son fruit chaque mois, et dont les feuilles serviraient à la guérison des nations.

Il n'y aura plus d'anathème. Le trône de Dieu et de l'Agneau sera dans la ville; ses serviteurs le serviront et verront sa face, et son nom sera sur leurs fronts. Il n'y aura plus de nuit; et ils n'auront besoin ni de lampe ni de lumière, parce que le Seigneur Dieu les éclairera. Et ils régneront aux siècles des siècles. (Apocalypse 22 : 1-5).

CONCLUSION

Celui qui vaincra héritera ces choses; je serai son Dieu, et il sera mon fils, dit le Seigneur. Apocalypse 21 : 7.

Voici, je viens bientôt et ma rétribution est avec moi, pour rendre à chacun selon ce qu'est son œuvre. Je suis l'alpha et l'oméga, le premier et le dernier, le commencement et la fin. Heureux ceux qui lavent leurs robes, afin d'avoir droit à l'arbre de vie, et d'entrer par les portes dans la ville!

Dehors les chiens, les enchanteurs, les impudiques, les meurtriers, les idolâtres, et quiconque aime et pratique le mensonge! Moi, Jésus, j'ai envoyé mon ange pour vous attester ces choses dans les Églises. Je suis le rejeton de la postérité de David, l'étoile brillante du matin. Apocalypse 22 : 12-16.

Que la grâce du Seigneur Jésus-Christ soit avec vous tous qui vous préparez pour son avènement. Amen!

www.ingramcontent.com/pod-product-compliance
Lightning Source LLC
Chambersburg PA
CBHW051823090426
42736CB00011B/1620